– 인천광역시교육청 교육감소속근로자 –

교무행정실무사

소양평가 모의고사

[제 1 회]

영 역	직무능력검사 (문제해결력, 수리력, 언어논리력, 이해력, 공간지각력)
문항 수 / 시간	50문항 / 50분
비 고	객관식 4지선다형

SEOWONGAK

(주)서원각

1. 다음 (　)에 들어갈 말로 적절한 것은?

> 정리하다 : 다스리다 = 갈라지다 : (　)

① 결합하다   ② 단결하다

③ 바라지다   ④ 홀쭉하다

2. 다음 중 단어의 관계가 다른 하나는?

① 곰 － 사자 － 코끼리

② 개나리 － 해바라기 － 코스모스

③ 크루아상 － 카스텔라 － 식빵

④ 알 － 병아리 － 닭

3. 다음 문제의 〈보기 1〉을 보고 〈보기 2〉에 제시된 문장의 참·거짓, 알 수 없음을 판단하면?

> 〈보기 1〉
> • 아버지는 비가 오면 큰아들의 나막신이 잘 팔릴 것이므로 좋지만 작은아들이 걱정된다.
> • 아버지는 비가 오지 않으면 작은아들의 짚신이 잘 팔릴 것이므로 좋지만 큰아들이 걱정된다.
> • 비가 오거나 오지 않거나 둘 중 하나일 것이다.

> 〈보기 2〉
> 비가 오거나 오지 않거나 아버지의 걱정은 있다.

① 참

② 거짓

③ 알 수 없음

4. 전제가 다음과 같을 때 결론으로 올바른 것은?

> • 운동을 좋아하는 사람은 등산을 좋아한다.
> • 산을 좋아하는 사람은 등산을 좋아한다.
> • 건강을 중요시하는 사람은 운동을 좋아한다.
> • 결론 : _____

① 산을 좋아하는 사람은 운동을 좋아한다.

② 건강을 중요시하는 사람은 등산을 좋아한다.

③ 산을 좋아하지 않는 사람은 등산을 좋아한다.

④ 건강을 중요시 하지 않는 사람은 산을 좋아한다.

5. 다음 중 수진이가 가장 첫 번째로 탄 놀이기구는 무엇인가?

> • 수진이는 놀이공원에서 놀이기구 A, B, C, D, E를 한 번씩 타고 왔다.
> • B를 타기 직전에 D를 탔다.
> • C보다 A를 먼저 탔다.
> • E를 타기 바로 전에 점심을 먹었다.
> • A를 포함한 놀이기구 3개는 점심을 먹고 난 후에 탔다.

① A   ② B

③ C   ④ D

┃6~10┃ 다음 제시된 숫자의 배열을 보고 규칙을 적용하여 빈칸에 들어갈 알맞은 수를 고르시오.

6.

| | 1 | 1 | 3 | 5 | 11 | 21 | ( ) | 85 |

① 37 ② 40
③ 43 ④ 46

7.

| 311 | 316 | 326 | 337 | 350 | 358 | 374 | ( ) |

① 378 ② 385
③ 388 ④ 394

8.

| | 1 | 1 | 3 | 5 | 9 | 15 | ( ) |

① 20 ② 25
③ 30 ④ 35

9.

| 1 | 1 | 3 | 8 | 9 | 27 | 27 | ( ) |

① 56 ② 60
③ 64 ④ 68

10.

| $\frac{1}{2}$ | $\frac{1}{6}$ | $\frac{1}{18}$ | ( ) | $\frac{1}{162}$ | $\frac{1}{486}$ |

① $\frac{1}{36}$ ② $\frac{1}{42}$
③ $\frac{1}{54}$ ④ $\frac{1}{63}$

11. A에서 B까지는 40km/h로 30분간 가고, B에서 C까지는 20km/h로 15분간 갔을 때, 총 이동거리는 얼마인가?

① 20km ② 25km
③ 30km ④ 35km

12. A가 등산을 하는데 올라갈 때는 시속 3km로 걷고, 내려올 때는 올라갈 때보다 4km 더 먼 길을 시속 4km로 걷는다. 올라갔다가 내려올 때 총 8시간이 걸렸다면, 올라갈 때 걸은 거리는 얼마인가?

① 8km ② 10km
③ 12km ④ 14km

13. 15cm의 초가 다 타는데 10분이 걸렸다면 30cm의 초가 다 타는데 거리는 시간은?

① 15분 ② 18분
③ 20분 ④ 25분

14. 어느 지도에서 $\frac{1}{2}$ cm는 실제로는 5km가 된다고 할 때 지도상 $1\frac{3}{4}$ cm는 실제로 얼마나 되는가?

① 12.5km   ② 15km

③ 17.5km   ④ 20km

15. 450페이지가 되는 소설책이 너무 재미있어서 휴가기간 5일 동안 하루도 빠지지 않고 매일 50페이지씩 읽었다. 휴가가 끝나면 나머지를 모두 읽으려고 한다. 휴가가 끝나면 모두 몇 페이지를 읽어야 하는가?

① 100페이지   ② 150페이지

③ 200페이지   ④ 250페이지

16. 서원무역회사의 해외지사 수출 상담실적에 대한 자료에 대한 설명으로 옳지 않은 것은?

연도 해외지사	2011	2012	2013	2014년 1~11월	
					전년 동기 대비증감률
칠레	352	284	472	644	60.4
싱가포르	136	196	319	742	154.1
독일	650	458	724	810	22.4
태국	3,630	1,995	1,526	2,520	80.0
미국	307	120	273	1,567	526.8
인도	0	2,333	3,530	1,636	−49.4
영국	8	237	786	12,308	1,794.1
합계	5,083	5,623	7,630	20,227	197.3

① 2013년 12월 태국지사 수출 상담실적은 100건 이상이다.

② 전년대비 2013년 수출 상담실적 건수가 가장 많이 늘어난 해외지사는 인도이다.

③ 2012~2014년 동안 해외지사의 수출 상담실적 건수 합계는 매년 증가하였다.

④ 2014년 12월 칠레지사 수출 상담실적이 256건이라면 2014년 연간 칠레지사 수출 상담실적 건수는 전년대비 100% 이상 증가한다.

┃17~19┃ 다음은 어느 학급 학생 25명의 수학 성적과 과학 성적에 대한 상관표이다. 물음에 답하여라.

수학 과학	60	70	80	90	100	합계
100				A	1	2
90			1	B		C
80		2	D	3	1	11
70	1	2	3	2		8
60	1					1
합계	2	4	9	8	2	25

17. 다음 중 A~D에 들어갈 수로 옳지 않은 것은?

① A=1   ② B=2

③ C=3   ④ D=4

18. 수학 성적과 과학 성적 중 적어도 한 과목의 성적이 80점 이상인 학생은 몇 명인가?

① 14명   ② 16명

③ 19명   ④ 21명

19. 수학 성적과 과학 성적의 평균이 90점 이상인 학생은 전체의 몇 %인가?

① 16%   ② 20%

③ 25%   ④ 30%

20. 다음은 A기업의 올해 여름휴가 계획을 조사한 표이다. 여름휴가로 해외여행을 가는 직원은 전체의 몇 %인가?

국내여행	해외여행	자기계발	계획 없음	기타
88	55	49	3	5

① 12%   ② 25.5%

③ 27.5%   ④ 35%

21. 다음에 제시된 단어와 의미가 상반된 단어는?

방임(坊任)

① 방치   ② 자유

③ 방종   ④ 통제

22. 다음에 제시된 단어와 비슷한 의미를 가진 단어는?

사리(事理)

① 이치   ② 사욕

③ 이용   ④ 사치

23. 다음 중 제시된 단어가 나타내는 뜻을 모두 포괄할 수 있는 단어는?

미치다 / 응하다 / 맡아 두다 / 따다

① 주다   ② 들다

③ 묶다   ④ 받다

24. 다음 중 맞춤법에 맞지 않는 것은?

① 서울을 수도로 정한 지 올해로 벌써 600돌이 되었다.

② 그가 나타나자 그녀는 적이 안심한 모습이었다.

③ 마침내 마지막 거리 열두째 뒷전놀이를 시작했다.

④ 그는 주인과 의논하여 삯월세를 전세로 바꾸었다.

25. 다음 밑줄 친 단어 중, 바르게 표기한 것은?

① 오늘까지 반듯이 그 일을 끝내야 한다.

② 그는 원하는 대학을 들어가기 위해 꾸준이 공부했다.

③ 오늘날 우리는, 우리가 일찌기 경험해 보지 못한 새로운 환경에서 생활하고 있다.

④ 다행히 주위는 비교적 조용한 편이었고, 더욱이 내 곁에 앉아 있는 남녀는 말 한 마디도 없었다.

26. 다음 중, 띄어쓰기가 잘못된 것은?

① 그는 한국대학교 문과대학 국어국문학과 1년생이다.

② 나는 그 강을 건너다가 죽을 뻔도 했다.

③ 꽃놀이를 가는 사람들이 매우 많기도 하다.

④ 저 신사는 큰 기업체의 회장겸 대표이사이다.

27. 다음 밑줄 친 단어와 같은 의미로 쓰인 것은?

어머니가 잔칫상을 봤다.

① 그는 늦게나마 손자를 보게 되었다.

② 손해를 보면서 물건을 팔 사람은 없다.

③ 찌개 맛 좀 봐 주세요.

④ 손님 주무실 자리를 봐 드려라.

28. 다음 중 단어와 뜻의 연결이 바르지 않은 것은?

① 이 옷은 때를 잘 <u>탄다</u>. - 먼지나 때 따위가 쉽게 달라붙는 성질을 가지다.

② 간지럼을 <u>타다</u>. - 계절이나 기후의 영향을 쉽게 받다.

③ 그는 이번 대회에서 상패와 상금을 <u>탔다</u>. - 몫으로 주는 돈이나 물건 따위를 받다.

④ 가마에 <u>타다</u>. - 탈것이나 짐승의 등 따위에 몸을 얹다.

┃29~30┃ 다음에 제시된 9개의 단어 중 관련된 3개의 단어를 통해 유추할 수 있는 것을 고르시오.

29.

젓가락, 카레, 계산기, 영국, 발리우드, 안경, 선인장, 초콜릿, 전구

① 태권도   ② 인도

③ 사막   ④ 바다

30.

어깨, 뿌리, 자동차, 기류, 공, 날개, 고기, 먼지, 하늘

① 비행기   ② 지하철

③ 버스   ④ 병원

31. 다음 글에서 사용된 서술 기법이 아닌 것은?

아리랑이란 민요는 지방에 따라 여러 가지가 있는데, 지금까지 발굴된 것은 약 30종 가까이 된다. 그중 대표적인 것으로는 서울의 본조 아리랑을 비롯하여 강원도 아리랑, 정선 아리랑, 밀양 아리랑, 진도 아리랑, 해주 아리랑, 원산 아리랑 등을 들 수 있다. 거의 각 도마다 대표적인 아리랑이 있으나 평안도와 제주도가 없을 뿐인데, 그것은 발굴하지 못했기 때문이고, 최근에는 울릉도 아리랑까지 발견하였을 정도이니 실제로 더 있었던 것으로 보인다.

그런데 이들 민요는 가락과 가사의 차이는 물론 후렴의 차이까지 있는데, 그중 정선 아리랑이 느리고 구성진 데 비해, 밀양 아리랑은 흥겹고 힘차며, 진도 아리랑은 서글프면서도 해학적인 멋이 있다. 서울 아리랑은 이들의 공통점이 응집되어 구성지거나 서글프지 않으며, 또한 흥겹지도 않은 중간적인 은근한 느낌을 주는 것이 특징이다. 그러므로 서울 아리랑은 그 형성 시기도 지방의 어느 것보다도 늦게 이루어진 것으로 짐작된다.

① 대상을 분류하여 설명한다.

② 대상의 특성을 파악하여 비교 설명한다.

③ 대상의 개념을 명확하게 정의한다.

④ 구체적인 예시를 통해서 설명한다.

32. 다음 글의 제목으로 가장 적절한 것은?

우리는 비극을 즐긴다. 비극적인 희곡과 소설을 즐기고, 비극적인 그림과 영화 그리고 비극적인 음악과 유행가도 즐긴다. 슬픔, 애절, 우수의 심연에 빠질 것을 알면서도 소포클레스의 '안티고네', 셰익스피어의 '햄릿'을 찾고, 베토벤의 '운명', 차이코프스키의 '비창', 피카소의 '우는 연인'을 즐긴다. 아니면 텔레비전의 멜로드라마를 보고 값싼 눈물이라도 흘린다. 이를 동정과 측은과 충격에 의한 '카타르시스', 즉 마음의 세척으로 설명한 아리스토텔레스의 주장은 유명하다. 그것은 마치 눈물로 스스로의 불안, 고민, 고통을 씻어내는 역할을 한다는 것이다.

니체는 좀 더 심각한 견해를 갖는다. 그는 "비극은 언제나 삶에 아주 긴요한 기능을 가지고 있다. 비극은 사람들에게 그들을 싸고도는 생명 파멸의 비운을 똑바로 인식해야 할 부담을 덜어주고, 동시에 비극 자체의 암울하고 음침한 원류에서 벗어나게 해서 그들의 삶의 흥취를 다시 돋우어 준다."라고 하였다. 그런 비운을 직접 전면적으로 목격하는 일, 또 더구나 스스로 직접 그것을 겪는 일이라는 것은 너무나 끔찍한 일이기에, 그것을 간접경험으로 희석한 비극을 봄으로써 '비운'이란 그런 것이라는 이해와 측은지심을 갖게 되고, 동시에 실제 비극이 아닌 그 가상적인 환영(幻影) 속에서 비극에 대한 어떤 안도감도 맛보게 된다.

① 비극의 현대적 의의
② 비극을 즐기는 이유
③ 비극의 기원과 역사
④ 비극에 반영된 삶

33. 다음 글의 서술 방식에 대한 설명으로 적절한 것은?

인가가 끝난 비탈 저 아래에 가로질러 흐르는 개천물이 눈이 부시게 빛나고, 그 제방을 따라 개나리가 샛노랗다. 개천 건너로 질펀하게 펼쳐져 있는 들판, 양털같이 부드러운 마른 풀에 덮여 있는 그 들 한복판에 괴물 모양 기다랗게 누워있는 회색 건물. 지붕 위로 굴뚝이 높다랗게 솟아 있고, 굴뚝 끝에서 노란 연기가 피어오르고 있다. 햇살에 비껴서 타오르는 불길 모양 너울거리곤 하는 연기는 마치 마술을 부리듯 소리 없이 사방으로 번져 건물 전체를 뒤덮고, 점점 더 부풀어, 들을 메우며 제방의 개나리와 엉기고 말았다.

① 단어의 의미를 풀어서 밝히고 있다.
② 근거를 제시하여 주장을 정당화하고 있다.
③ 시간적 순서를 뒤바꾸어 사건을 서술하고 있다.
④ 사물을 그림을 그리듯이 표현하고 있다.

34. 다음 글에 나타난 인간의 행동 양식과 거리가 가장 먼 것은?

우리는 무엇이 옳은가를 결정하기 위해 다른 사람들이 옳다고 생각하는 것이 무엇인지를 알아보기도 한다. 이것을 '사회적 증거의 법칙'이라고 한다. 이 법칙에 따르면 주어진 상황에서 어떤 행동이 옳고 그른가는 얼마나 많은 사람들이 같은 행동을 하느냐에 의해 결정된다고 한다.

다른 사람들이 하는 대로 행동하는 경향은 여러 모로 매우 유용하다. 일반적으로 다른 사람들이 하는 대로 행동하게 되면, 즉 사회적 증거에 따라 행동하면, 실수할 확률이 그만큼 줄어든다. 왜냐하면 다수의 행동이 올바르다고 인정되는 경우가 많기 때문이다. 그러나 이러한 사회적 증거의 특성은 장점인 동시에 약점이 될 수도 있다. 이런 태도는 우리가 주어진 상황에서 어떻게 행동해야 할 것인가를 결정하는 지름길로 사용될 수 있지만, 맹목적으로 이를 따르게 되면 그 지름길에 숨어서 기다리고 있는 불로소득자들에 의해 이용당할 수도 있기 때문이다.

① 영희는 고속도로에서 주변의 차들과 같은 속도로 달리다가 속도위반으로 범칙금을 냈다.
② 철수는 검색 우선순위에 따라 인터넷 뉴스를 본다.
③ 순이는 밭품을 팔아 값이 가장 싼 곳에서 물건을 산다.
④ 명수는 여행을 가서 밥을 먹을 때 구석진 곳이라도 주차장에 차가 가장 많은 식당에서 밥을 먹는다.

35. 다음 글을 내용상 두 부분으로 나눌 때 어느 지점부터 나누는 것이 가장 적절한가?

우리나라는 전통적으로 농경 생활을 해 왔다. 이런 이유로 우리나라에서 소는 경작을 위한 중요한 필수품이지 식용 동물로 생각할 수가 없었으며, 단백질 섭취 수단으로 동네에 돌아다니는 개가 선택되었다. ㉠프랑스 등 유럽의 여러 나라에서도 우리처럼 농경 생활을 했음에 틀림없지만 그들은 오랜 기간 수렵을 했기 때문에 개가 우리의 소처럼 중요한 동물이 되었고 당연히 수렵한 결과인 소 등을 통해 단백질을 섭취했다. ㉡일반적으로 개고기를 먹는 데 혐오감을 나타내는 민족들은 서유럽의 나라이다. 그들은 쇠고기와 돼지고기를 즐겨먹는다. ㉢그러나 식생활 문화를 달리하는 힌두교도들은 쇠고기를 먹는 서유럽 사람들에게 혐오감을 느낄 것이다. ㉣또 이슬람교도나 유대교도들도 서유럽에서 돼지고기를 먹는 식생활에 대해 거부감을 느낄 것이다.

① ㉠   ② ㉡

③ ㉢   ④ ㉣

36. 다음 글의 전제로 가장 적절한 것은?

> 말로 표현되지 않으면 우리의 생각은 꼴 없이 불분명한 덩어리에 지나지 않는다. 기호의 도움 없이는 우리가 두 생각을 똑똑히 그리고 한결같이 구별하지 못하리란 것은 철학자나 언어학자나 다 같이 인정하는 바이다. 언어가 나타나기 전에는 미리 형성된 관념이 존재할 수 없으며 어떤 생각도 분명해질 수 없다.

① 인간은 언어 사용 이전에도 개념을 구분할 수 있다.
② 언어학자들은 언어를 통해 사고를 분석한다.
③ 말과 생각은 일정한 관련이 있다.
④ 생각은 말로 표현되어야 한다.

37. 다음 기사에 나타난 통계를 통해 추론할 수 없는 것은?

> 일본에서 나이가 들어서도 부모 곁을 떠나지 않고 붙어사는 '캥거루족'이 증가하고 있는 것으로 나타났다. 일본 국립 사회보장인구문제연구소가 2004년 전국 1만 711가구를 대상으로 조사해 21일 발표한 가구 동태 조사를 보면, 가구당 인구수는 평균 2.8명으로 최저치를 기록했다. 2인 가구는 28.7%로 5년 전 조사 때보다 조금 증가한 반면, 4인 가구는 18.1%로 조금 줄었다.
>
> 부모와 함께 사는 자녀의 비율은 크게 증가했다. 30~34살 남성의 45.4%가 부모와 동거하는 것으로 나타났다. 같은 연령층 여성의 부모 동거 비율은 33.1%였다. 5년 전에 비해 남성은 6.4%, 여성은 10.2% 증가한 수치다. 25~29살 남성의 부모 동거 비율은 64%, 여성은 56.1%로 조사됐다. 부모를 모시고 사는 기혼자들도 있지만, 상당수는 독신으로 부모로부터 주거와 가사 지원을 받는 캥거루족으로 추정된다.

① 25~34살의 남성 중 대략 반 정도가 부모와 동거한다.
② 현대사회에서 남녀를 막론하고 만혼 현상이 널리 퍼져 있다.
③ 30~34살의 경우 부모 동거비율은 5년 전에도 여성이 남성보다 높지 않았다.
④ '캥거루족'이 늘어난 것은 젊은이들이 직장을 구하기가 점점 어려워지고 있기 때문이다.

38. 다음 글의 요지로 가장 적절한 것은?

> 신문이 진실을 보도해야 한다는 것은 새삼스러운 설명이 필요 없는 당연한 이야기이다. 정확한 보도를 하기 위해서는 문제를 전체적으로 보아야 하고, 역사적으로 새로운 가치의 편에서 봐야 하며, 무엇이 근거이고, 무엇이 조건인가를 명확히 해야 한다. 그런데 이러한 준칙을 강조하는 것은 기자들의 기사 작성 기술이 미숙하기 때문이 아니라, 이해 관계에 따라 특정 보도의 내용이 달라지기 때문이다. 자신들에게 유리하도록 기사가 보도되게 하려는 외부 세력이 있으므로 진실 보도는 일반적으로 수난의 길을 걷게 마련이다. 신문은 스스로 자신들의 임무가 '사실 보도'라고 말한다. 그 임무를 다하기 위해 신문은 자신들의 이해 관계에 따라 진실을 왜곡하려는 권력과 이익 집단, 그 구속과 억압의 논리로부터 자유로워야 한다.

① 진실 보도를 위하여 구속과 억압의 논리로부터 자유로워야 한다.
② 자신들에게 유리하도록 기사가 보도되게 하는 외부 세력이 있다.
③ 신문의 임무는 '사실 보도'이나, 진실 보도는 수난의 길을 걷는다.
④ 정확한 보도를 하기 위하여 전체적 시각을 가져야 한다.

39. 다음 문장들을 논리적 순서로 배열할 때 가장 적절한 것은?

> ㉠ 이는 말레이 민족 위주의 우월적 민족주의 경향이 생기면서 문화적 다원성을 확보하는 데 뒤쳐진 경험을 갖고 있는 말레이시아의 경우와 대비되기도 한다.
> ㉡ 지금과 같은 세계화 시대에 다원주의적 문화 정체성은 반드시 필요한 것이기 때문에 이러한 점은 긍정적이다.
> ㉢ 영어 공용화 국가의 상황을 긍정적 측면에서 본다면, 영어 공용화 실시는 인종 중심적 문화로부터 탈피하여 다원주의적 문화 정체성을 수립하는 계기가 될 수 있다.
> ㉣ 그러나 영어 공용화 국가는 모두 다민족 다언어 국가이기 때문에 한국과 같은 단일 민족 단일 모국어 국가와는 처한 환경이 많이 다르다.
> ㉤ 특히, 싱가포르인들은 영어를 통해 국가적 통합을 이룰 뿐만 아니라 다양한 민족어를 수용함으로써 문화적 다원성을 일찍부터 체득할 수 있는 기회를 얻고 있다.

① ㉢㉣㉤㉠㉡
② ㉢㉡㉠㉤㉣
③ ㉢㉤㉡㉣㉠
④ ㉢㉡㉤㉠㉣

40. 다음 글의 밑줄 친 단어와 같은 의미로 사용된 것은?

> 과학사(科學史)를 살피면, 과학이 가치중립적이란 <u>신화</u>는 무너지고 만다. 어느 시대가 낳은 과학이론은 과학자의 인생관, 자연관은 물론 당대의 시대사조나 사회·경제·문화적 제반 요소들이 상당히 긴밀하게 상호작용한 총체적 산물로 드러나기 때문이다. 말하자면 어느 시대적 분위기가 무르익어 어떤 과학이론을 출현시키는가 하면, 그 배출된 이론이 다시 문화의 여러 영역에서 되먹임 되어 직접 또는 간접의 영향을 미친다는 애기이다. 다윈의 진화론으로부터 사회적 다윈주의가 출현한 것은 그 가장 극적인 예이고, '엔트로피 법칙'이 현존 과학기술 문명에 깔린 발전 개념을 비판하고 새로운 세계관을 모색하는 틀이 되는 것도 그 같은 맥락이다.

① 기상천외한 그들의 행적은 하나의 신화로 남았다.

② 아시아의 몇몇 국가들은 짧은 기간 동안 고도성장의 신화를 이룩하였다.

③ 월드컵 4강 신화를 떠올려 본다면 국민 소득 2만 달러 시대도 불가능한 것은 아니다.

④ 미식축구 선수 하인즈워드의 인간 승리를 보면서 단일민족이라는 신화가 얼마나 많은 혼혈 한국인들을 소외시켜 왔는지 절실히 깨달았다.

41. 다음과 같이 종이를 접은 후 구멍을 뚫어 펼친 그림으로 옳은 것을 고르시오.

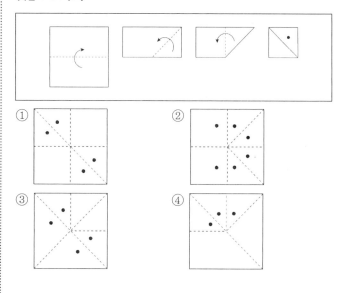

42. 다음 전개도를 접었을 때 나타나는 정육면체의 모양이 아닌 것을 고르시오.

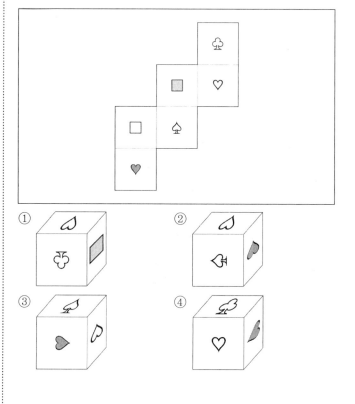

43. 다음 제시된 세 개의 단면을 참고하여 해당하는 입체도형을 고르시오.

평면	정면	우측면
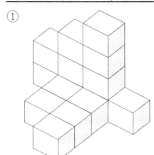		

①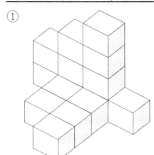

②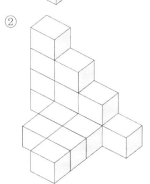

③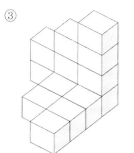

④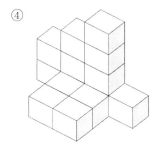

44. 제시된 두 도형을 결합했을 때, 나타날 수 없는 형태를 고르시오.

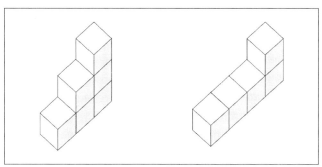

①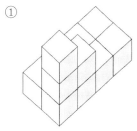

②

③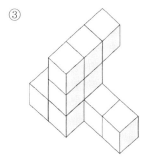

④

45. 다음 도형을 펼쳤을 때 나타날 수 있는 전개도를 고르시오.

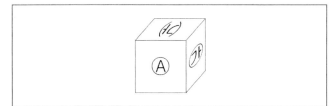

①

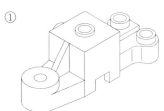

②

③

④

46. 다음 제시된 입체 중에서 나머지와 모양이 다른 하나를 고르시오.

①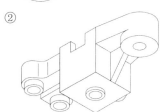

②

③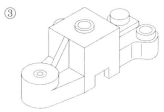

④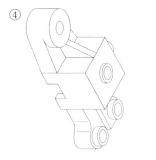

47. 다음 제시된 그림과 같이 쌓기 위해 필요한 블록의 수를 구하시오.

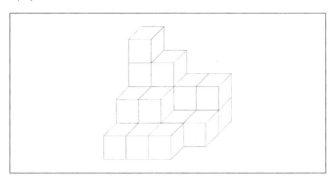

① 17개   ② 18개

③ 19개   ④ 20개

48. 다음의 제시된 도형을 조합하여 만들어진 것을 고르시오.

①

②

③

④

49. 아래의 기호/문자 무리 중 '℃'는 몇 번 제시되었나?

Å	ℂ	¥	ℂ	℃	£
£	℃	℉	Å	£	∬
¥	℉	ℂ	¥	♪	℉
℃	£	℃	£	ℂ	♪
ℂ	Å	♪	∬	¥	℃
¥	℉	¥	℃	♪	℉

① 5개   ② 6개

③ 7개   ④ 8개

50. 아래의 기호/문자 무리에 제시되지 않은 것은?

① ↰   ② ⇔

③ ↷   ④ ⇒

― 인천광역시교육청 교육감소속근로자 ―

교무행정실무사

소양평가 모의고사

[제 2 회]

영 역	직무능력검사 (문제해결력, 수리력, 언어논리력, 이해력, 공간지각력)
문항 수 / 시간	50문항 / 50분
비 고	객관식 4지선다형

SEOWONGAK

(주)서원각

1. 다음 ( )에 들어갈 말로 적절한 것은?

> ( ) : 내다 = 넘치다 : 모자라다

① 들이다　　　　　　② 바치다
③ 제출하다　　　　　④ 비우다

2. 다음 중 단어의 관계가 다른 하나는?

① 도서관 – 책 – 소설책
② 대리점 – 자동차 – SUV
③ 극장 – 영화 – 스릴러영화
④ 백화점 – 마트 – 편의점

3. 다음 문제의 〈보기 1〉을 보고 〈보기 2〉에 제시된 문장의 참·거짓, 알 수 없음을 판단하면?

> 〈보기 1〉
> • 과일의 열매는 좋다.
> • 열매보다 더 좋은 것은 꽃이다.
> • 씨가 없으면 열매가 없다.

> 〈보기 2〉
> 씨가 열매보다 좋다.

① 참
② 거짓
③ 알 수 없음

4. 다음 중 항상 옳은 것은?

> • 나와 외할아버지의 혈액형은 O형이다.
> • 나의 친할아버지의 혈액형은 AB형이다.
> • 나의 부모님은 모두 O형이 아니지만 나의 혈액형은 O형이다.

① 어머니의 혈액형을 알면 외할머니의 혈액형을 알 수 있다.
② 친할머니의 혈액형이 A형이라면 아버지의 혈액형은 A형 또는 B형이다.
③ 아버지의 O유전자는 친할아버지에게 받은 것이다.
④ 어머니의 혈액형은 AB형이다.

5. 다음 중 기울기가 가장 완만한 코스는 무엇인가?

> • M스키장에는 총 4개의 코스(A, B, C, D)가 있다.
> • 길이가 짧은 코스일수록 기울기가 가파르고, 긴 코스일수록 기울기가 완만하다.
> • A코스는 B코스보다 길지만, D코스보다는 짧다.
> • C코스는 A코스보다 기울기가 완만하다.
> • D와 A코스의 순서 차이는 C와 B코스의 순서 차이와 같다.

① A　　　　　　　　② B
③ C　　　　　　　　④ D

6.

| | | 7 | 9 | 12 | 4 | (|) | −1 | 22 | |

① 15　　　　　　　　② 17
③ 19　　　　　　　　④ 21

7.

| | | 1 | 2 | 3 | 5 | 8 | 13 | (|) | |

① 21　　　　　　　　② 23
③ 25　　　　　　　　④ 27

8.

| | | 2 | 4 | 0 | 6 | −2 | 8 | (|) | |

① −1　　　　　　　　② −2
③ −3　　　　　　　　④ −4

9.

| $\dfrac{1}{3}$ | $\dfrac{4}{5}$ | $\dfrac{13}{9}$ | $\dfrac{40}{17}$ | $\dfrac{121}{33}$ | ( ) | $\dfrac{1093}{129}$ |

① $\dfrac{364}{65}$　　　　　② $\dfrac{254}{53}$

③ $\dfrac{413}{48}$　　　　　④ $\dfrac{197}{39}$

10.

| $\dfrac{1}{2}$ | $\dfrac{1}{3}$ | $\dfrac{2}{6}$ | $\dfrac{3}{18}$ | ( ) | $\dfrac{8}{1944}$ | $\dfrac{13}{209952}$ |

① $\dfrac{8}{83}$　　　　　② $\dfrac{6}{91}$

③ $\dfrac{5}{108}$　　　　④ $\dfrac{4}{117}$

11. 동근이는 동료들과 함께 공원을 산책하였다. 공원에는 동일한 크기의 벤치가 몇 개 있다. 한 벤치에 5명씩 앉았더니 4명이 앉을 자리가 없어서 6명씩 앉았더니 남는 자리 없이 딱 맞았다. 동근이는 몇 명의 동료들과 함께 공원을 갔는가?

① 16명　　　　　　　② 20명
③ 24명　　　　　　　④ 30명

12. 30% 할인해서 팔던 벤치파카를 이월 상품 정리 기간에 할인된 가격의 20%를 추가로 할인해서 팔기로 하였다. 이 벤치파카는 원래 가격에서 얼마나 할인된 가격으로 판매하는 것인가?

① 34%　　　　　　　② 44%
③ 56%　　　　　　　④ 66%

13. A 주식의 가격은 B 주식의 가격의 2배이다. 민재가 두 주식을 각각 10주씩 구입 후 A 주식은 30%, B주식은 20% 올라 총 주식의 가격이 76,000원이 되었다. 오르기 전의 B 주식의 주당 가격은 얼마인가?

① 1,000원　　　　　② 1,500원
③ 2,000원　　　　　④ 3,000원

14. 올림이는 200만 원짜리 DSLR 카메라를 사기 위해 하루 6시간씩 아르바이트를 하였다. 아르바이트 시급이 5,000원일 때 올림이는 며칠 동안 아르바이트를 하여야 하는가?

① 61일 ② 63일
③ 65일 ④ 67일

15. 어떤 콘텐츠에 대한 네티즌 평가에서 3,000명이 참여한 A 사이트에서는 평균 평점이 8.0이었으며, 2,000명이 참여한 B 사이트의 평균 평점은 6.0이었다. 이 콘텐츠에 대한 두 사이트 전체의 참여자의 평균 평점은 얼마인가?

① 7.0 ② 7.2
③ 8.0 ④ 8.2

16. 다음은 보안요원 5명의 개인암호 및 암호 입력 횟수이다. 5개의 알파벳(a, c, e, f, s) 중, 보안요원이 암호를 입력할 때 두 번째로 많이 입력한 알파벳 문자는? (단, 각 보안요원은 자신의 개인암호만을 입력하고 입력 시 오류는 없다)

보안요원	개인암호	암호 입력횟수
신○근	character11	83
김○진	design22	363
이○진	form33	503
윤○희	function44	430
장○건	history55	165

① a ② c
③ e ④ f

17. 다음은 '정보화가 소득 격차를 감소시키는 효과가 있는가?'에 대한 응답을 조사한 표이다. 이에 대한 옳은 설명은?

(단위 : %)

구분		2010년			2015년		
		그렇다	그렇지 않다	모르겠다	그렇다	그렇지 않다	모르겠다
성별	남	21.1	59.4	19.5	17.8	56.7	25.5
	여	19.9	54.7	25.4	16.3	52.5	31.2
학력	초졸 이하	16.9	37.1	46.0	15.9	37.6	46.5
	중졸	23.5	50.7	25.8	19.4	48.5	32.1
	고졸	21.3	62.4	16.3	17.4	58.6	24.0
	대졸 이상	19.4	71.6	9.0	15.8	66.8	17.4

① 2010년 초졸 이하의 '그렇다'라는 응답자 수는 '모르겠다'라는 응답자 수보다 많다.

② 2015년 중졸에서 '그렇지 않다'라는 응답자 수는 2010년에 비해 2.2% 감소하였다.

③ 2015년은 2010년에 비해 전체 응답자 중 '그렇다'라고 대답한 비율이 늘었다.

④ 학력이 높을수록 정보화가 소득 격차를 감소시키지 못한다고 생각하고 있다.

18. 다음은 우리나라 학생들의 학교생활 만족도를 조사한 표이다. 이에 대한 설명으로 옳은 것은?

(단위 : %)

구분		만 족		보통	불만족		
		매우	약간			약간	매우
지역	도시	43.4	9.8	33.6	43.7	12.9	10.5	2.4
	농·어촌	48.9	13.5	35.4	41.8	9.3	7.5	1.8
성별	남자	46.5	10.7	35.8	42.1	11.4	9.0	2.4
	여자	41.5	9.8	31.7	45.0	13.5	11.4	2.1
학교 급별	중·고등학생	39.0	8.2	30.8	46.0	15.0	11.7	3.3
	대학생	49.0	12.2	36.8	41.0	10.0	8.6	1.4

* 만족도와 불만족도는 각각 만족과 불만족에 응답한 비율을 나타냄

① 만족도의 차이는 지역에 따른 차이가 가장 크다.

② 만족에 응답한 사람은 농·어촌 지역이 도시 지역보다 많다.

③ 학교생활에 매우 불만족하고 있는 비율은 남자보다 여자가 높다.

④ 만족에 응답한 대학생 수는 불만족에 응답한 대학생 수보다 4.9배 많다.

19. 다음은 출산율과 출생 성비의 변화를 나타낸 표이다. 이에 대한 설명으로 옳은 것은?

구분	2009년	2010년	2011년	2012년	2013년	2014년
출산율	1.57	1.63	1.47	1.17	1.15	1.08
총 출생성비	116.5	113.2	110.2	110.0	108.2	107.7
첫째 아이	108.5	105.8	106.2	106.5	105.2	104.8
둘째 아이	117.0	111.7	107.4	107.3	106.2	106.4
셋째 아이	192.7	180.2	143.9	141.2	132.7	128.2

① 출생 성비의 불균형이 심화되고 있다.

② 신생아 중 여아가 차지하는 비중은 증가하고 있다.

③ 신생아 중 남아의 수는 2011년보다 2009년에 많다.

④ 2009년 이후 신생아 수가 지속적으로 감소하고 있다.

20. 다음은 성인 직장인을 대상으로 소속감에 대하여 조사한 결과를 정리한 표이다. 조사 결과를 사회 집단 개념을 사용하여 분석한 내용으로 옳은 것은?

(단위 : %)

구분		가정	직장	동창회	친목 단체	합계
성별	남성	53.1	21.9	16.1	8.9	100.0
	여성	68.7	13.2	9.8	8.3	100.0
학력	중졸 이하	71.5	8.2	10.6	9.7	100.0
	고졸	62.5	17.7	11.8	8.0	100.0
	대졸 이상	54.0	22.5	16.0	7.5	100.0

① 학력이 높을수록 공동 사회라고 응답한 비율이 높다.

② 이익 사회라고 응답한 비율은 남성이 여성보다 높다.

③ 성별과 상관없이 자발적 결사체라고 응답한 비율이 가장 높다.

④ 과업 지향적인 집단이라고 응답한 비율은 여성이 남성보다 높다.

21. 다음에 제시된 단어와 비슷한 의미를 가진 단어는?

나래

① 다리　　　　　　② 날개

③ 머리　　　　　　④ 나라

22. 다음에 제시된 단어와 상반된 의미를 가진 단어는?

존귀(尊貴)

① 존재　　　　　　② 귀중

③ 고귀　　　　　　④ 미천

23. 다음 중 제시된 단어가 나타내는 뜻을 모두 포괄할 수 있는 단어는?

> 죽이다 / 차지하다 / 알아내다 / 세우다

① 가지다　　　　　　　② 잡다
③ 삼키다　　　　　　　④ 설치하다

24. 다음 중 바르게 쓰인 표현을 고르면?

① 수출량을 2배 이상 늘릴 수 있도록 최선을 다 합시다.
② 옷을 달이다 말고 어디를 가는 게냐?
③ 벌인 입을 다물지 못하고 서 있었다.
④ 우리 가족은 삼팔선을 너머 남으로 내려왔다.

25. 밑줄 친 부분이 어법에 어긋나는 것을 고르면?

① 소매를 걷어붙이고 나섰다.
② 회의 내용을 극비에 부치다.
③ 무지를 무릅쓰고 밀어부치는 억지는 더 큰 죄다.
④ 이를 부드득 갈아붙이며 일어선 그는 벽을 짚으며 소리쳤다.

26. 다음 중 띄어쓰기가 바르지 않은 문장은?

① 교실에는 책상, 걸상 등이 있다.
② 네가 알 바 아니다.
③ 이상은 위에서 지적한 바와 같습니다.
④ 그가 떠난지 벌써 1년이 지났다.

27. 다음 밑줄 친 단어와 같은 의미로 쓰인 것은?

> 충신이 반역죄를 <u>쓰고</u> 감옥에 갇혔다.

① 탈을 <u>쓰고</u> 탈춤을 춘다.
② 오늘 배운 데까지 공책에 두 번 <u>써</u> 오는 게 숙제다.
③ 그는 노래도 부르고 곡도 <u>쓰는</u> 가수 겸 작곡자이다.
④ 그는 억울하게 누명을 <u>썼다</u>.

28. 다음 중 빈칸에 공통으로 들어갈 말로 적절한 것은?

• 비행기에 (　).	• 장작이 (　).
• 월급을 (　).	• 커피를 (　).

① 웃다　　　　　　　② 앉다
③ 만들다　　　　　　④ 타다

┃29～30┃ 다음에 제시된 9개의 단어 중 관련된 3개의 단어를 통해 유추할 수 있는 것을 고르시오.

29.

> 계산기, 단풍, 키보드, 자동차, 연기, 고추잠자리, 영화, 플라스틱, 추수

① 극장　　　　　　　② 여름
③ 가을　　　　　　　④ 공장

30.

> 돌고래, 지우개, 흑연, 모기, 왕, 육각형, 개미, 도마뱀, 동물원

① 숲　　　　　　　　② 벌꿀
③ 연필　　　　　　　④ 아쿠아리움

31. 다음 글의 내용과 일치하는 것은?

극의 진행과 등장인물의 대사 및 감정 등을 관객에게 설명했던 변사가 등장한 것은 1900년대이다. 미국이나 유럽에서도 변사가 있었지만 그 역할은 미미했을뿐더러 그마저도 자막과 반주 음악이 등장하면서 점차 소멸하였다. 하지만 주로 동양권, 특히 한국과 일본에서는 변사의 존재가 두드러졌다. 한국에서 변사가 본격적으로 등장한 것은 극장가가 형성된 1910년부터인데, 한국 최초의 변사는 우정식으로, 단성사를 운영하던 박승필이 내세운 인물이었다. 그 후 김덕경, 서상호, 김영환, 박응면, 성동호 등이 변사로 활약했으며 당시 영화 흥행의 성패를 좌우할 정도로 그 비중이 컸다. 단성사, 우미관, 조선극장 등의 극장은 대개 5명 정도의 변사를 전속으로 두었으며 2명 내지 3명이 교대로 무대에 올라 한 영화를 담당하였다. 4명 내지 8명의 변사가 한 무대에 등장하여 영화의 대사를 교환하는 일본과는 달리, 한국에서는 한 명의 변사가 영화를 설명하는 방식을 취하였으며, 영화가 점점 장편화되면서부터는 2명 내지 4명이 번갈아 무대에 등장하는 방식으로 바뀌었다. 변사는 악단의 행진곡을 신호로 무대에 등장하였으며, 소위 전설(前說)을 하였는데 전설이란 활동사진을 상영하기 전에 그 개요를 앞서 설명하는 것이었다. 전설이 끝나면 활동사진을 상영하고 해설을 시작하였다. 변사는 전설과 해설 이외에도 막간극을 공연하기도 했는데 당시 영화관에는 영사기가 대체로 한 대밖에 없었기 때문에 필름을 교체하는 시간을 이용하여 코믹한 내용을 공연하였다.

① 한국과는 달리 일본에서는 변사가 막간극을 공연했다.

② 한국에 극장가가 형성되기 시작한 것은 1900년경이었다.

③ 한국은 영화의 장편화로 무대에 서는 변사의 수가 늘어났다.

④ 자막과 반주 음악의 등장으로 변사의 중요성이 더욱 높아졌다.

32. 다음 괄호 안에 들어갈 알맞은 접속어를 순서대로 나열한 것은?

각 시대는 그 시대의 특징을 나타내는 문학이 있다고 한다. 우리나라도 무릇 四千年이 넘는 생활의 역사를 가진 만큼 그 발전 시기마다 각각 특색을 가진 문학이 없을 수 없고, 문학이 있었다면 그 중추가 되는 것은 아무래도 시가문학이라고 볼 수밖에 없다. (   ) 대개 어느 민족을 막론하고 인간 사회가 성립하는 동시에 벌써 각자의 감정과 의사를 표시하려는 욕망이 생겼을 것이며, 삼라만상의 대자연은 자연 그 자체가 율동적이고 음악적이라고 할 수 있기 때문이다. 다시 말하면 인간이 생활하는 곳에는 자연적으로 시가가 발생하였다고 할 수 있다. (   ) 사람의 지혜가 트이고 비교적 언어의 사용이 능란해짐에 따라 종합 예술체의 한 부분으로 있었던 서정문학적 요소가 분화·독립되어 제요나 노동요 따위의 시가의 원형을 이루고 다시 이 집단적 가요는 개인적 서정시로 발전하여 갔으리라 추측된다. (   ) 다른 나라도 마찬가지이겠지만 우리 문학사상 시가의 지위는 상당히 중요한 몫을 지니고 있다.

① 왜냐하면 – 그리고 – 그러므로

② 그리고 – 왜냐하면 – 그러므로

③ 그러므로 – 그리고 – 왜냐하면

④ 왜냐하면 – 그러나 – 그럼에도 불구하고

33. 다음 글의 내용에 부합되지 않는 것은?

1960년대 중반 생물학계에는 조지 윌리엄스와 윌리엄 해밀턴이 주도한 일대 혁명이 일어났다. 리처드 도킨스의 '이기적 유전자'라는 개념으로 널리 알려지게 된 이 혁명의 골자는, 어떤 개체의 행동을 결정하는 일관된 기준은 그 소속 집단이나 가족의 이익도 아니고 그 개체 자신의 이익도 아니고, 오로지 유전자의 이익이라는 것이다. 이 주장은 많은 사람들에게 충격으로 다가왔다. 인간은 또 하나의 동물일 뿐 아니라, 자신의 이익을 추구하는 유전자들로 구성된 협의체의 도구이자 일회용 노리개에 불과하다는 주장으로 이해되었기 때문이다. 그러나 '이기적 유전자' 혁명이 전하는 메시지는 인간이 철저하게 냉혹한 이기주의자라는 것이 아니다. 사실은 정반대이다. 그것은 오히려 인간이 왜 때로 이타적이고 다른 사람들과 잘 협력하는가를 잘 설명해 준다. 인간의 이타성과 협력이 유전자의 이익에도 도움이 되기 때문이다.

① 인간은 유전자의 이익에 따라 행동한다.

② 인간은 때로 이타적인 행동을 하기도 하고, 다른 사람과 협력을 하기도 한다.

③ '이기적인 유전자' 혁명은 인간이 유전자 때문에 철저하게 이기적으로 행동한다고 주장한다.

④ 유전자의 이익이라는 관점에서 인간의 이타적인 행동을 설명할 수 있다.

34. 다음 글의 중심 내용으로 가장 적절한 것은?

분노는 공격과 복수의 행동을 유발한다. 분노 감정의 처리에는 '눈에는 눈, 이에는 이'라는 탈리오 법칙이 적용된다. 분노의 감정을 느끼게 되면 상대방에 대해 공격적인 행동을 하고 싶은 충동이 일어난다. 동물의 경우, 분노를 느끼면 이빨을 드러내게 되고 발톱을 세우는 등 공격을 위한 준비 행동을 나타내게 된다. 사람의 경우에도 분노를 느끼면 자율신경계가 활성화되고 눈매가 사나워지며 이를 꽉 깨물고 주먹을 불끈 쥐는 등 공격 행위와 관련된 행동들이 나타나게 된다. 특히 분노 감정이 강하고 상대방이 약할수록 공격 충동은 행동화되는 경향이 있다.

① 공격을 유발하게 되는 원인

② 분노가 야기하는 행동의 변화

③ 탈리오 법칙의 정의와 실제 사례

④ 동물과 인간의 분노 감정의 차이

35. 다음 글의 연결 순서로 가장 자연스러운 것은?

㉮ "인력이 필요해서 노동력을 불렀더니 사람이 왔더라."라는 말이 있다. 인간을 경제적 요소로만 단순하게 생각했으나, 이에 따른 인권문제, 복지문제, 내국인과 이민자와의 갈등 등이 수반된다는 말이다. 프랑스처럼 우선 급하다고 이민자를 선별하지 않고 받으면 인종갈등과 이민자의 빈곤화 등 많은 사회비용이 발생한다.

㉯ 이제 다문화정책의 패러다임을 전환해야 한다. 한국에 들어온 다문화가족을 적극적으로 전환해야 한다. 다문화가족과 더불어 살면서 다양성과 개방성을 바탕으로 상생의 발전을 도모해야 한다. 그리고 결혼 이민자만 다문화가족으로 볼 것이 아니라 외국인 근로자와 유학생, 북한 이탈 주민까지 큰 틀에서 함께 보는 것도 필요하다.

㉰ 다문화정책의 핵심은 두 가지이다. 첫째, 새로운 사회에 적응하려는 의지가 강해서 언어 배우기, 일자리, 문화 이해에 매우 적극적인 태도를 지닌 좋은 인력을 선별해서 입국하도록 하는 것이다. 둘째, 이민자가 새로운 사회에 잘 정착할 수 있도록 사회통합에 주력해야 하는 것이다. 해외 인구 유입 초기부터 사회비용을 절약할 수 있는 사람들을 들어오게 하는 것이 중요하기 때문이다.

㉱ 이미 들어온 이민자에게는 적극적인 지원을 해야 한다. 언어와 문화, 환경이 모두 낯선 이민자에게는 이민 초기에 세심한 배려가 필요하다. 특히, 중요한 것은 다문화가족이 그들이 가지고 있는 강점을 활용하여 취약 계층이 아닌 주류층으로 설 수 있도록 지원해야 한다. 뿐만 아니라 이민자에 대한 지원시기를 놓치거나 차별과 편견으로 내국인에게 증오감을 갖게 해서는 안 된다.

① ㉱－㉯－㉰－㉮

② ㉰－㉯－㉱－㉮

③ ㉱－㉰－㉯－㉮

④ ㉰－㉮－㉱－㉯

36. 괄호 안에 들어갈 말로 가장 적절한 것은?

모든 학문은 나름대로 고유한 대상영역이 있습니다. 법률을 다루는 학문이 법학이며, 경제현상을 대상으로 삼는 것이 경제학입니다. 물론 그 영역을 보다 더 세분화하고 전문화시켜 나갈 수 있습니다. 간단히 말하면, 학문이란 일정 대상에 관한 보편적인 기술(記述)을 부여하는 것이라고 해도 좋을 것입니다. 우리는 보편적인 기술을 부여함으로써 그 대상을 조작·통제할 수 있습니다. 물론 그러한 실천성만이 학문의 동기는 아니지만, 그것을 통해 학문은 사회로 향해 열려 있는 것입니다.

여기에서 핵심 낱말은 (   )입니다. 결국 학문이 어떤 대상의 기술을 목표로 한다고 해도, 그것은 기술하는 사람의 주관에 좌우되지 않고, 원리적으로는 "누구에게도 그렇다."라는 식으로 이루어져야 합니다. "나는 이렇게 생각한다."라는 것만으로는 불충분하며, 왜 그렇게 말할 수 있는가를 논리적으로 누구나가 알 수 있는 방법으로 설명하고 논증할 수 있어야 합니다.

그것을 전문용어로 '반증가능성(falsifiability)'이라고 합니다. 즉 어떤 지(知)에 대한 설명도 같은 지(知)의 공동체에 속한 다른 연구자가 같은 절차를 밟아 그 기술과 주장을 재검토할 수 있고, 경우에 따라서는 반론하고 반박하고 갱신할 수 있도록 문이 열려 있어야 합니다.

① 전문성
② 자의성
③ 징체성
④ 보편성

37. 다음 글의 중심 생각으로 가장 적절한 것은?

진(秦)나라 재상인 상앙(商鞅)에게는 유명한 일화가 있지요. 진나라 재상으로 부임한 상앙은 나라의 기강이 서지 않았음을 걱정했습니다. 그는 대궐 남문 앞에 나무를 세우고 방문(榜文)을 붙였지요. "이 나무를 옮기는 사람에게는 백금(百金)을 하사한다." 옮기는 사람이 아무도 없었습니다. 그래서 다시 상금을 만금(萬金)으로 인상했습니다. 어떤 사람이 상금을 기대하지도 않고 밑질 것도 없으니까 장난삼아 옮겼습니다. 그랬더니 방문에 적힌 대로 만금을 하사하였습니다. 그랬더니 백성들이 나라의 정책을 잘 따르게 되고 진나라가 부국강병에 성공하는 것으로 되어 있습니다.

① 신뢰의 중요성
② 부국강병의 가치
③ 우민화 정책의 폐해
④ 명분을 내세운 정치의 효과

38. 다음 글이 설명하고자 하는 것은?

구비문학에서는 기록문학과 같은 의미의 단일한 작품 내지 원본이라는 개념이 성립하기 어렵다. 윤선도의 '어부사시사'와 채만식의 '태평천하'는 엄밀하게 검증된 텍스트를 놓고 이것이 바로 그 작품이라 할 수 있지만, '오누이 장사 힘내기' 전설이라든가 '진주 낭군' 같은 민요는 서로 조금씩 다른 종류의 구연물이 다 그 나름의 개별적 작품이면서 동일 작품의 변이형으로 인정되기도 하는 것이다. 이야기꾼은 그의 개인적 취향이나 형편에 따라 설화의 어떤 내용을 좀 더 실감 나게 손질하여 구연할 수 있으며, 때로는 그 일부를 생략 혹은 변경할 수 있다. 모내기할 때 부르는 '모노래'는 전승적 가사를 많이 이용하지만, 선창자의 재간과 그때그때의 분위기에 따라 새로운 노래 토막을 끼워 넣거나 일부를 즉흥적으로 개작 또는 창작하는 일도 흔하다.

① 구비문학의 현장성
② 구비문학의 유동성
③ 구비문학의 전승성
④ 구비문학의 구연성

39. 괄호 안에 들어갈 말로 가장 적절한 것은?

현대 자본주의 사회에서 대중은 예술미보다 상품미에 더 민감하다. 상품미란 이윤을 얻기 위해 대량으로 생산하는 상품이 가지는 아름다움을 의미한다. (   )라고, 요즈음 생산자는 상품을 많이 팔기 위해 디자인과 색상에 신경을 쓰고, 소비자는 같은 제품이라도 겉모습이 화려하거나 아름다운 것을 구입하려고 한다. 결국 우리가 주위에서 보는 거의 모든 상품은 상품미를 추구하고 있다. 그래서인지 모든 것을 다 상품으로 취급하는 자본주의 사회에서는 돈벌이를 위해서라면 모든 사물, 심지어는 인간까지도 상품미를 추구하는 대상으로 삼는다.

① 같은 값이면 다홍치마
② 술 익자 체 장수 지나간다
③ 원님 덕에 나팔 분다
④ 구슬이 서 말이라도 꿰어야 보배

40. 다음 글의 중심 내용은?

헤르만 헤세는 어느 책이 유명하다거나 그것을 모르면 수치스럽다는 이유만으로 그 책을 무리하게 읽으려는 것은 참으로 그릇된 일이라 했다. 그는 이어서, "그렇게 하기보다는 모든 사람은 자기에게 자연스러운 면에서 읽고, 알고, 사랑해야 할 것이다. 어느 사람은 학생 시절의 초기에 벌써 아름다운 시구의 사랑을 자기 안에서 발견할 수 있으며, 혹은 어느 사람은 역사나 자기 고향의 전설에 마음이 끌리게 되고 또는 민요에 대한 기쁨이나 우리의 감정이 정밀하게 연구되고 뛰어난 지성으로써 해석된 것에 독서의 매력 있는 행복감을 가질 수 있을 것이다."라고 말한 바 있다.

① 문학 작품을 많이 읽으면 정서 함양에 도움이 된다.

② 학생 시절에 고전과 명작을 많이 읽어 교양을 쌓아야 한다.

③ 남들이 읽어야 한다고 말하는 책보다 자신이 읽고 싶은 책을 읽는 것이 좋다.

④ 자신이 속한 사회의 역사나 전설에 관한 책을 읽으면 애향심을 기를 수 있다.

41. 다음과 같이 종이를 접은 후 구멍을 뚫어 펼친 그림으로 옳은 것을 고르시오.

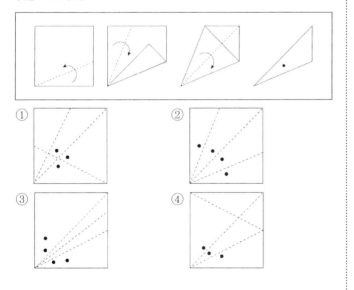

42. 다음 전개도를 접었을 때 나타나는 정육면체의 모양이 아닌 것을 고르시오.

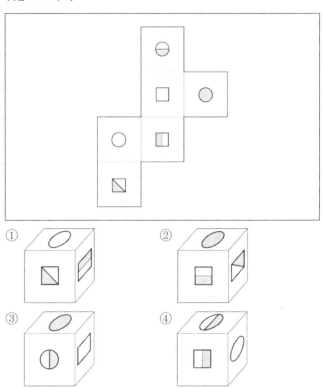

43. 다음 제시된 세 개의 단면을 참고하여 해당하는 입체도형을 고르시오.

평면	정면	우측면
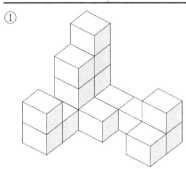		

①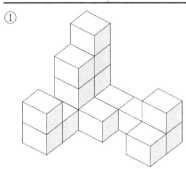

②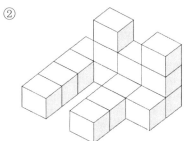

③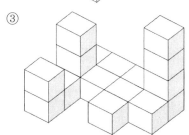

④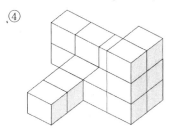

44. 제시된 두 도형을 결합했을 때, 나타날 수 없는 형태를 고르시오.

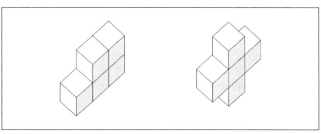

①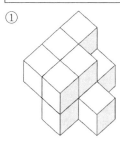

②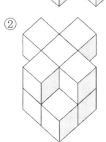

③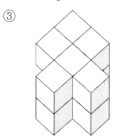

④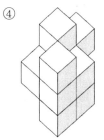

45. 다음 도형을 펼쳤을 때 나타날 수 있는 전개도를 고르시오.

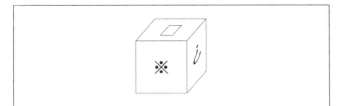

①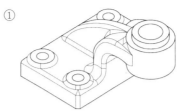

②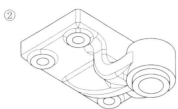

③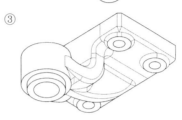

④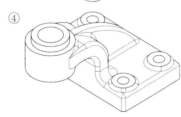

46. 다음 제시된 입체 중에서 나머지와 모양이 다른 하나를 고르시오.

①

②

③

④

47. 다음 제시된 그림과 같이 쌓기 위해 필요한 블록의 수를 구하시오.

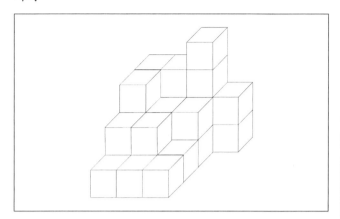

① 27개　　　　　② 28개

③ 29개　　　　　④ 30개

48. 다음의 제시된 도형을 조합하여 만들어진 것을 고르시오.

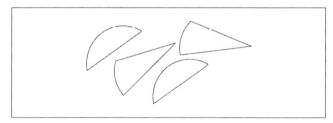

49. 아래의 기호/문자 무리 중 'D'는 몇 번 제시되었나?

A	C	Z	B	A	C
X	B	E	A	C	X
C	Y	C	X	Y	B
E	A	D	W	Z	Z
Y	Z	B	Z	E	C
X	E	Y	C	A	V

① 0개　　　　　② 1개

③ 2개　　　　　④ 3개

50. 아래의 기호/문자 무리에 제시되지 않은 것은?

① ⊶　　　　　② ≒

③ ÷　　　　　④ ∴

교무행정실무사

소양평가 모의고사

[제 3 회]

영 역	직무능력검사 (문제해결력, 수리력, 언어논리력, 이해력, 공간지각력)
문항 수 / 시간	50문항 / 50분
비 고	객관식 4지선다형

SEOWONGAK

(주)서원각

1. 다음 (   )에 들어갈 말로 적절한 것은?

> 분식 : (   ) = 세면도구 : 칫솔

① 정식 　　　　　 ② 순대
③ 식당 　　　　　 ④ 가게

2. 다음 중 단어의 관계가 다른 하나는?

① 병원 – 간호사 – 주사
② 수영장 – 학생 – 물안경
③ 경찰서 – 경찰 – 체포
④ 무대 – 가수 – 노래

3. 다음 문제의 〈보기 1〉을 보고 〈보기 2〉에 제시된 문장의 참·거짓, 알 수 없음을 판단하면?

> 〈보기 1〉
> • 파란색을 좋아하는 사람들은 항상 술을 마신다.
> • 파란색을 좋아하지 않는 사람은 한 달에 소설책을 한 권 이상 읽지 않는다.
> • 내 친구들은 모두 파란색을 좋아한다

> 〈보기 2〉
> 나는 한 달에 소설책을 2권 읽으므로 파란색을 좋아하지 않는다.

① 참
② 거짓
③ 알 수 없음

4. 다음 중 항상 옳은 것은?

> • 철수, 재연, 승리, 승혁 4명이 같은 지하철에서 서로 다른 칸을 탄다.
> • 지하철은 총 4개 칸이고, 중앙에 두 칸은 약 냉방 칸이다.
> • 승리는 승혁이보다 앞 칸에 탔다.
> • 철수는 약냉방 칸에 탔고, 재연보다 뒤 칸에 탔다.
> • 가장 앞 칸에 탄 사람은 승리가 아니다.

① 약 냉방 칸에 탈 수 있는 사람은 재연이다.
② 철수가 두 번째로 앞 칸에 탔다면, 승혁이가 가장 뒤 칸에 탄다.
③ 승리는 두 번째 칸에 탄다.
④ 승혁이는 약 냉방 칸에 탈 수 있다.

5. 제시된 보기가 모두 참일 때, 다음 중 옳은 것은?

> • 철수의 아버지는 운전을 한다.
> • 운전하는 모든 사람이 난폭하지는 않다.
> • 난폭한 사람은 참을성이 없다.
> • 영수의 아버지는 난폭하다.

① 철수의 아버지는 난폭하지 않다.
② 운전하는 사람은 모두 난폭하다.
③ 영수의 아버지는 참을성이 없다.
④ 영수의 아버지는 난폭하지 않다.

6.

	111	128	145	162	179	( )

① 185   ② 191

③ 196   ④ 197

7.

	3	7	11	15	19	( )

① 23   ② 27

③ 29   ④ 30

8.

	974	921	868	815	762	( )

① 713   ② 709

③ 705   ④ 700

9.

	128	192	288	432	648	( )

① 992   ② 972

③ 822   ④ 762

10.

	3	12	48	192	768	( )

① 2962   ② 3022

③ 3072   ④ 3182

11. 한 건물에 A, B, C 세 사람이 살고 있다. A는 B보다 12살이 많고, C의 나이의 2배보다 4살이 적다. 또한 B와 C는 동갑이라고 할 때 A의 나이는 얼마인가?

① 16살   ② 20살

③ 24살   ④ 28살

12. 스마트폰 X의 원가에 20%의 이익을 붙여서 정가를 책정하였다. 이벤트로 9만원을 할인해 팔아서 원가의 2%의 이익을 얻었다면 스마트폰 X의 원가는 얼마인가?

① 400,000원   ② 450,000원

③ 500,000원   ④ 550,000원

13. 경수가 달리기를 하는데 처음에는 초속 6m의 속력으로 뛰다가 반환점을 돈 후에는 분속 90m의 속력으로 걸어서 30분 동안 4.5km를 운동했다면 출발지에서 반환점까지의 거리는?

① 2,400m   ② 3,000m

③ 3,600m   ④ 4,000m

14. 짜장면이 4,000원, 짬뽕이 4,000원, 볶음밥이 6,000원, 탕수육이 10,000원인 중국집이 있다. 여기에서 서로 다른 음식 두 가지를 시킬 경우, 음식가격의 평균값은 얼마인가?

① 8,000원   ② 10,000원

③ 12,000원   ④ 14,000원

15. 기차가 시속 72km로 달리고 있다. 이 기차가 선로상의 한 지점을 통과할 때 15초가 걸린다면 기차의 길이는 얼마인가?

① 100m   ② 200m

③ 300m   ④ 400m

▌16~17▐ 다음 표는 커피 수입 현황에 대한 표이다. 물음에 답하시오.

(단위 : 톤, 천 달러)

구분 \ 연도		2010	2011	2012	2013	2014
생두	중량	97.8	96.9	107.2	116.4	100.2
	금액	252.1	234.0	316.1	528.1	365.4
원두	중량	3.1	3.5	4.5	5.4	5.4
	금액	37.1	42.2	55.5	90.5	109.8
커피조제품	중량	6.3	5.0	5.5	8.5	8.9
	금액	42.1	34.6	44.4	98.8	122.4

※ 1) 커피는 생두, 원두, 커피조제품으로만 구분됨

    2) 수입단가 = 금액 / 중량

16. 다음 중 표에 관한 설명으로 가장 적절한 것은?

① 커피전체에 대한 수입금액은 매해마다 증가하고 있다.

② 2013년 생두의 수입단가는 전년의 2배 이상이다.

③ 원두 수입단가는 매해마다 증가하고 있지는 않다.

④ 2014년 커피조제품 수입단가는 2010년의 2배 이상이다.

17. 다음 중 수입단가가 가장 큰 것은?

① 2012년 원두

② 2013년 생두

③ 2014년 원두

④ 2013년 커피조제품

18. 다음은 어느 학교 학생들의 중간평가점수 중 영역별 상위 5명의 점수이다. 이에 대한 설명 중 옳은 것은?

순위	국어		영어		수학	
	이름	점수	이름	점수	이름	점수
1	A	94	B	91	D	97
2	C	93	A	90	G	95
3	E	90	C	88	F	90
4	D	88	F	82	B	88
5	F	85	D	76	A	84

※ 1) 각 영역별 동점자는 없었음

    2) 총점이 250점 이하인 학생은 보충수업을 받는다.

    3) 전체 순위는 세 영역 점수를 더해서 정한다.

① B의 총점은 263점을 초과하지 못한다.

② E는 보충수업을 받지 않아도 된다.

③ D의 전체 순위는 2위이다.

④ G는 보충수업을 받아야 한다.

19. 다음 자료는 연도별 자동차 사고 발생상황을 정리한 것이다. 다음의 자료로부터 추론하기 어려운 내용은?

구분 \ 연도	발생 건수 (건)	사망자 수 (명)	10만 명당 사망자 수 (명)	차 1만 대당 사망자 수 (명)	부상자 수 (명)
1997	246,452	11,603	24.7	11	343,159
1998	239,721	9,057	13.9	9	340,564
1999	275,938	9,353	19.8	8	402,967
2000	290,481	10,236	21.3	7	426,984
2001	260,579	8,097	16.9	6	386,539

① 연도별 자동차 수의 변화
② 운전자 1만 명당 사고 발생 건수
③ 자동차 1만 대당 사고율
④ 자동차 1만 대당 부상자 수

20. 다음은 A기업에서 승진시험을 시행한 결과이다. 시험을 치른 200명의 국어와 영어의 점수 분포가 다음과 같을 때 국어에서 30점 미만을 얻은 사원의 영어 평균 점수의 범위는?

(단위 : 명)

영어(점) \ 국어(점)	0~9	10~19	20~29	30~39	40~49	50~59	60~69	70~79	80~89	90~100
0~9	3	2	3							
10~19	5	7	4							
20~29			6	5	5	4				
30~39				10	6	3	1	3	3	
40~49				2	9	10	2	5	2	
50~59				2	5	4	3	4	2	
60~69				1	3	9	24	10	3	
70~79					2	18				
80~89						10				
90~100										

① 9.3~18.3
② 9.5~17.5
③ 10.2~12.3
④ 11.6~15.4

21. 다음에 제시된 단어와 비슷한 의미를 가진 단어는?

> 미욱하다

① 미천하다
② 현명하다
③ 어리석다
④ 재빠르다

22. 다음에 제시된 단어와 상반된 의미를 가진 단어는?

> 수락

① 수긍
② 응낙
③ 거절
④ 수취

23. 다음 중 제시된 단어가 나타내는 뜻을 모두 포괄할 수 있는 단어는?

> 차리다 / 취하다 / 따르다

① 가다
② 명령하다
③ 외면하다
④ 갖추다

24. 다음 중 바르게 쓰인 표현을 고르면?

① 오늘 회의에 붙일 안건을 말씀해 주십시오.
② 약속은 반듯이 지켜야 한다.
③ 다리가 절여서 더 이상 버티기 힘들다.
④ 그들은 창고에서 재고품을 들어냈다.

25. 밑줄 친 부분이 어법에 어긋나는 것을 고르면?

① 냉장고에서 <u>얼음</u>을 꺼내 먹었다.

② 답을 <u>알아맞춘</u> 분께 상품을 드립니다.

③ 내 <u>바람</u>은 네가 건강하게 지내는 거야.

④ 그가 나를 <u>믿으므로</u> 나도 그를 믿는다.

26. 다음 중 띄어쓰기가 바르지 않은 문장은?

① 나에게는 당신뿐이기에 그저 보고플 뿐입니다.

② 바람 부는대로 정처 없이 걸으면서 생각을 정리했다.

③ 친구가 도착한 지 두 시간 만에 떠났다.

④ 나를 알아주는 사람은 형밖에 없었다.

27. 다음 밑줄 친 단어와 같은 의미로 쓰인 것은?

> 아무래도 누군가 그를 <u>밀고</u> 있다.

① 어머니가 머뭇거리면서 파출소 문을 <u>밀고</u> 들어왔다.

② 누군가 자네를 강력하게 <u>밀고</u> 있는 이가 당 중앙에 있다는 얘길세.

③ 구겨진 바지를 다리미로 한 번 <u>밀어라</u>.

④ 만두피를 <u>밀다</u>.

28. 다음 중 빈칸에 공통으로 들어갈 말로 적절한 것은?

> • 이 사건에 대한 재판관의 (   )은 옳지 않다.
> • 검사의 불합격 (   ) 기준을 완화할 필요가 있다.
> • 축구 시합이 심판의 (   )에 의해 승부가 났다.

① 확정   ② 추정

③ 판정   ④ 정정

│29~30│ 다음에 제시된 9개의 단어 중 관련된 3개의 단어를 통해 유추할 수 있는 것을 고르시오.

29.

> 흰머리수리, 사다리, 종이, 봄, 도널드, 거울, 바람, 가위, 50

① 나무   ② 미국

③ 소방관   ④ 계절

30.

> 야채, 생선, 형광등, 군인, 모니터, 면회, 제복, 하얀 가운, 지우개

① 군대   ② 병원

③ 학교   ④ 시장

31. 다음 글의 주된 논지는?

당신이 미국 중앙정보국의 직원인데, 어느 날 테러 용의자를 체포했다고 가정하자. 이 사람은 뉴욕 맨해튼 중심가에 대규모 시한폭탄을 설치한 혐의를 받고 있다. 시한폭탄이 터질 시각은 다가오는데 용의자는 입을 열지 않고 있다. 당신은 고문을 해서라도 폭탄이 설치된 곳을 알아내겠는가, 아니면 고문은 원칙적으로 옳지 않으므로 고문을 하지 않겠는가? 공리주의자들은 고문을 해서라도 폭탄이 설치된 곳을 알아내어, 무고한 다수 시민의 생명을 구해야 한다고 주장할 것이다. 공리주의는 최대 다수의 최대 행복을 추구하기 때문이다. 이 경우에는 이 주장이 일리가 있을 수 있다. 그러나 공리주의가 모든 경우에 항상 올바른 해답을 줄 수 있는 것은 아니다. 구명보트를 타고 바다를 표류하던 4명의 선원이 그들 중 한 사람을 죽여서 그 사람의 고기를 먹으면 나머지 세 사람이 살 수 있다. 실제로 이런 일이 일어났고, 살아남은 세 사람은 재판을 받았다. 당신은 이 경우에도 다수의 생명을 구하기 위해 한 사람의 목숨을 희생한 행위가 정당했다고 주장하겠는가? 뉴욕의 시한폭탄 문제도 그리 간단치만은 않다. 폭탄이 설치된 곳이 한적한 곳이라 희생자가 몇 명 안 될 것으로 예상되는 경우에도 당신은 고문에 찬성하겠는가? 체포된 사람이 테러리스트 자신이 아니라 그의 어린 딸이라도, 그 딸이 폭탄의 위치를 알고 있다면 당신은 고문에 찬성하겠는가?

① 다수의 행복을 위해서 소수의 희생이 필요할 때가 있다.
② 인간의 생명은 어떤 경우에도 존중되어야 한다.
③ 고문이 정당화되는 경우도 있을 수 있다.
④ 공리주의가 절대선일 수 없는 것은 소수의 이익이라 하더라도 무시할 수 없는 것도 있기 때문이다.

32. 다음 글의 중심 내용으로 가장 적절한 것은?

행랑채가 퇴락하여 지탱할 수 없게끔 된 것이 세 칸이었다. 나는 마지못하여 이를 모두 수리하였다. 그런데 그중의 두 칸은 앞서 장마에 비가 샌 지가 오래되었으나, 나는 그것을 알면서도 이럴까 저럴까 망설이다가 손을 대지 못했던 것이고, 나머지 한 칸은 비를 한 번 맞고 샜던 것이라 서둘러 기와를 갈았던 것이다. 이번에 수리하려고 본즉 비가 샌 지 오래된 것은 그 서까래, 추녀, 기둥, 들보가 모두 썩어서 못 쓰게 되었던 까닭으로 수리비가 엄청나게 들었고, 한 번밖에 비를 맞지 않았던 한 칸의 재목들은 완전하여 다시 쓸 수 있었던 까닭으로 그 비용이 많이 들지 않았다.

나는 이에 느낀 것이 있었다. 사람의 몸에 있어서도 마찬가지라는 사실을. 잘못을 알고서도 바로 고치지 않으면 곧 그 자신이 나쁘게 되는 것이 마치 나무가 썩어서 못 쓰게 되는 것과 같으며, 잘못을 알고 고치기를 꺼리지 않으면 해(害)를 받지 않고 다시 착한 사람이 될 수 있으니, 저 집의 재목처럼 말끔하게 다시 쓸 수 있는 것이다. 뿐만 아니라 나라의 정치도 이와 같다. 백성을 좀먹는 무리들을 내버려두었다가는 백성들이 도탄에 빠지고 나라가 위태롭게 된다. 그런 연후에 급히 바로 잡으려 하면 이미 썩어 버린 재목처럼 때는 늦은 것이다. 어찌 삼가지 않겠는가.

① 모든 일에 기초를 튼튼히 해야 한다.
② 청렴한 인재 선발을 통해 정치를 개혁해야 한다.
③ 잘못을 알게 되면 바로 고쳐 나가는 자세가 중요하다.
④ 훌륭한 위정자가 되기 위해서는 매사 삼가는 태도를 지녀야 한다.

33. 다음 글의 논지 전개 방식으로 가장 적절한 것은?

언젠가부터 우리 바다 속에 해파리나 불가사리와 같이 특정한 종들만이 크게 번창하고 있다는 우려의 말이 들린다. 한마디로 다양성이 크게 줄었다는 이야기다. 척박한 환경에서는 몇몇 특별한 종들만이 득세한다는 점에서 자연 생태계와 우리 사회는 닮은 것 같다. 어떤 특정 집단이나 개인들에게 앞으로 어려워질 경제 상황은 새로운 기회가 될지도 모른다. 하지만 이는 사회 전체로 볼 때 그다지 바람직한 현상이 아니다. 왜냐하면 자원과 에너지 측면에서 보더라도 이들 몇몇 집단들만 존재하는 세계에서는 이들이 쓰다 남은 물자와 이용하지 못한 에너지는 고스란히 버려질 수밖에 없고 따라서 효율성이 극히 낮기 때문이다.

다양성 확보는 사회 집단의 생존과도 무관하지 않다. 조류 독감이 발생할 때마다 해당 양계장은 물론 그 주변 양계장의 닭까지 모조리 폐사시켜야 하는 참혹한 현실을 본다. 단 한 마리 닭이 걸려도 그렇게 많은 닭들을 죽여야 하는 이유는 인공적인 교배로 인해 이들 모두가 똑같은 유전자를 가졌기 때문이다. 따라서 다양한 유전 형질을 확보하는 길만이 재앙의 확산을 막고 피해를 줄이는 길이다.

이처럼 다양성의 확보는 자원의 효율적 사용과 사회 안정에 중요하지만 많은 비용이 들기도 한다. 예를 들어 출산 휴가를 주고, 노약자를 배려하고, 장애인에게 보조 공학 기기와 접근성을 제공하는 것을 비롯해 다문화 가정, 외국인 노동자를 위한 행정 제도 개선 등은 결코 공짜가 아니다. 그럼에도 불구하고 다양성 확보가 중요한 이유는 우리가 미처 깨닫고 있지 못하는 넓은 이해와 사랑에 대한 기회를 사회 구성원 모두에게 제공하기 때문이다.

① 다양성 확보의 중요성에 대해 관점이 다른 두 주장을 대비하고 있다.
② 다양성 확보의 중요성에 대해 유추를 통해 설명하고 있다.
③ 다양성이 사라진 사회를 여러 기준에 따라 분류하고 있다.
④ 다양성이 사라진 사회의 사례들을 나열하고 있다.

34. 다음은 기행문의 일부이다. 이 글을 통해 알 수 없는 내용은?

인천국제공항 광장에 걸린, '한민족의 뿌리를 찾자! 대한 고등학교 연수단'이라고 쓴 현수막을 보자 내 가슴은 마구 뛰었다.

난생 처음 떠나는 해외여행, 8월 15일 오후 3시 15분 비행기에 오르는 나는 한여름의 무더위도 잊고 있었다. 비행기가 이륙하자, 거대한 공항 청사는 곧 성냥갑처럼 작아졌고, 푸른 바다와 들판은 빙빙 돌아가는 듯했다. 비행기에서 내려다본 구름은 정말 아름다웠다. 뭉게뭉게 떠다니는 하얀 구름 밭은 꼭 동화 속에서나 나옴직한 신비의 나라, 바로 그것이었다.

'나는 지금 어디로 가고 있을까, 꿈속을 헤매는 영원한 방랑자가 된 걸까?'

① 여행의 동기와 목적
② 출발할 때의 감흥
③ 출발할 때의 날씨와 시간
④ 여행의 노정과 일정

35. 다음 글의 전개 순서로 가장 적절한 것은?

㉠ 도구의 발달은 기술의 발전으로 이어져 인간은 자연 환경의 제약으로부터 벗어날 수 있게 되었다.
㉡ 그리하여 인간은 자연이 주는 혜택과 고난 속에서 자신의 의지에 따라 선택적으로 자연을 이용하고 극복하게 되었다.
㉢ 인류는 지혜가 발달하면서 점차 자연의 원리를 깨닫고 새로운 도구를 만들 줄 알게 되었다.
㉣ 필리핀의 고산 지대에서 농지가 부족한 자연 환경을 극복하기 위해 계단처럼 논을 만들어 벼농사를 지은 것이 그 좋은 예이다.

① ㉠ - ㉢ - ㉡ - ㉣
② ㉠ - ㉣ - ㉢ - ㉡
③ ㉢ - ㉠ - ㉡ - ㉣
④ ㉢ - ㉡ - ㉠ - ㉣

36. 다음 글의 내용에 어울리는 고사 성어로 가장 적절한 것은?

최근 여러 기업들이 상위 5% 고객에게만 고급 서비스를 제공하는 마케팅을 벌여 소비자뿐만 아니라 전문가들에게서도 우려의 소리를 듣고 있다. 실제로 모 기업은 지난해 초 'VIP 회원'보다 상위 고객을 노린 'VVIP 회원'을 만들면서 △매년 동남아·중국 7개 지역 왕복 무료 항공권 △9개 호텔 무료 숙박 △해외 유명 골프장 그린피 무료 등을 서비스로 내세웠다. 하지만 최근에 이 기업과 제휴를 맺고 있는 회사들이 비용 분담에 압박을 느끼면서 서비스 중단을 차례로 통보했다. 또 자사 분담으로 제공하고 있던 호텔 숙박권 역시 비용 축소를 위해 3월부터 서비스를 없앨 것으로 알려졌다.

한 업계 관계자는 "기존 회원 시장이 포화 상태가 되면서 업계가 저마다 지난해 VIP 마케팅을 내세웠지만 높은 연회비로 인해 판매 실적은 저조한 반면 무료 공연을 위한 티켓 구매, 항공권 구입 등에 소요되는 사업비 부담은 너무 크다 보니 오히려 어려움을 겪고 있는 실정"이라고 말했다.

① 견강부회(牽强附會)
② 비육지탄(髀肉之嘆)
③ 자승자박(自繩自縛)
④ 화이부동(和而不同)

37. 괄호 안에 들어갈 문장으로 가장 적절한 것은?

힐링(Healing)은 사회적 압박과 스트레스 등으로 손상된 몸과 마음을 치유하는 방법을 포괄적으로 일컫는 말이다. 우리보다 먼저 힐링이 정착된 서구에서는 질병 치유의 대체 요법 또는 영적·심리적 치료 요법 등을 지칭하고 있다.

국내에서도 최근 힐링과 관련된 갖가지 상품이 유행하고 있다. 간단한 인터넷 검색을 통해 수천 가지의 상품을 확인할 수 있을 정도다. 종교적 명상, 자연 요법, 운동 요법 등 다양한 형태의 힐링 상품이 존재한다. 심지어 고가의 힐링 여행이나 힐링 주택 등의 상품들도 나오고 있다. 그러나 (   ) 우선 명상이나 기도 등을 통해 내면에 눈뜨고, 필라테스나 요가를 통해 육체적 건강을 회복하여 자신감을 얻는 것부터 출발할 수 있다.

① 힐링이 먼저 정착된 서구의 힐링 상품들을 참고해야 할 것이다.
② 많은 돈을 들이지 않고서도 쉽게 할 수 있는 일부터 찾는 것이 좋을 것이다.
③ 이러한 상품들의 값이 터무니없이 비싸다고 느껴지지는 않을 것이다.
④ 자신을 진정으로 사랑하는 법을 알아야 할 것이다.

38. 다음 글의 내용에 부합하지 않은 것은?

오늘날 지구상에는 193종의 원숭이와 유인원이 살고 있다. 그 가운데 192종은 온몸이 털로 덮여 있고, 단 한 가지 별종이 있으니, 이른바 '호모 사피엔스'라고 자처하는 털 없는 원숭이가 그것이다. 지구상에서 대성공을 거둔 이 별종은 보다 고상한 욕구를 충족하느라 많은 시간을 보내고 있으나, 엄연히 존재하는 기본적 욕구를 애써 무시하려고 하는 데에도 똑같이 많은 시간을 소비한다. 그는 모든 영장류들 가운데 가장 큰 두뇌를 가졌다고 자랑하지만, 두뇌뿐 아니라 성기도 가장 크다는 사실은 애써 외면하면서 이 영광을 고릴라에게 떠넘기려고 한다. 그는 무척 말이 많고 탐구적이며 번식력이 왕성한 원숭이다. 나는 동물학자이고 털 없는 원숭이는 동물이다. 따라서 털 없는 원숭이는 내 연구 대상으로서 적격이다. '호모 사피엔스'는 아주 박식해졌지만 그래도 여전히 원숭이이고, 숭고한 본능을 새로 얻었지만 옛날부터 갖고 있던 세속적 본능도 여전히 간직하고 있다. 이러한 오래된 충동은 수백만 년 동안 그와 함께해 왔고, 새로운 충동은 기껏해야 수천 년 전에 획득했을 뿐이다. 수백만 년 동안 진화를 거듭하면서 축적된 유산을 단번에 벗어던질 가망은 전혀 없다. 이 사실을 회피하지 말고 직면한다면, '호모 사피엔스'는 훨씬 느긋해지고 좀더 많은 것을 성취할 수 있을 것이다. 이것이 바로 동물학자가 이바지할 수 있는 영역이다.

① 인간에 대해서도 동물학적 관점에서 탐구할 필요가 있다.
② 인간은 자신이 지닌 동물적 본능을 무시하거나 외면하려는 경향이 있다.
③ 인간의 박식과 숭고한 본능은 수백만 년 전에 획득했다.
④ 인간이 오랜 옛날부터 갖고 있던 동물적 본능은 오늘날에도 남아 있다.

39. 다음 글의 제목으로 가장 적절한 것은?

언제부터인가 이곳 속초 청호동은 본래의 지명보다 '아바이 마을'이라는 정겨운 이름으로 불리고 있다. 함경도식 먹을거리로 유명해진 곳이기도 하지만 그 사람들의 삶과 문화가 제대로 알려지지 않은 동네이기도 하다. 속초의 아바이 마을은 대한민국의 실향민 집단 정착촌을 대표하는 곳이다. 한국 전쟁이 한창이던 1951년 1·4 후퇴 당시, 함경도에서 남쪽으로 피난 왔던 사람들이 휴전과 함께 사람이 거의 살지 않던 이곳 청호동에 정착해 살기 시작했다.

동해는 사시사철 풍부한 어종이 잡히는 고마운 곳이다. 봄 바다를 가르며 달려 도착한 곳에서 고기가 다니는 길목에 설치한 '어울'을 끌어올려 보니, 속초의 봄 바다가 품고 있던 가자미들이 나온다. 다른 고기는 나오다 안 나오다 하지만 이 가자미는 일 년 열두 달 꾸준히 난다. 동해를 대표하는 어종 중에 명태는 12월에서 4월, 도루묵은 10월에서 12월, 오징어는 9월에서 12월까지 주로 잡힌다. 하지만 가자미는 사철 잡히는 생선으로, 어부들 말로는 그 자리를 지키고 있는 '자리고기'라 한다.

청호동에서 가자미식해를 담그는 광경은 이젠 낯선 일이 아니라 할 만큼 유명세를 탔다. 함경도 대표 음식인 가자미식해가 속초에서 유명하다는 것은 입맛이 정확하게 고향을 기억한다는 것과 상통한다. 속초에 새롭게 터전을 잡은 함경도 사람들은 고향 음식이 그리웠다. 가자미식해를 만들어 상에 올렸고, 이 밥상을 마주한 속초 사람들은 배타심이 아닌 호감으로 다가섰고, 또 판매를 권유하게 되면서 속초의 명물로 재탄생하게 된 것이다.

① 속초 자리고기의 유래
② 속초의 아바이 마을과 가자미식해
③ 아바이 마을의 밥상
④ 청호동 주민과 함경도 실향민의 화합

40. 다음 글을 통해 알 수 있는 내용으로 적절하지 않은 것은?

재판이란 법원이 소송 사건에 대해 원고·피고의 주장을 듣고 그에 대한 법적 판단을 내리는 소송 절차를 말한다. 오늘날과 마찬가지로 조선 시대에도 재판 제도가 있었다. 당시의 재판은 크게 송사(訟事)와 옥사(獄事)로 나뉘었다. 송사는 개인 간의 생활 관계에서 발생하는 분쟁의 해결을 위해 관청에 판결을 호소하는 것을 말하며, 옥사는 강도, 살인, 반역 등의 중대 범죄를 다스리는 일로서 적발, 수색하여 처벌하는 것을 말한다.

송사는 다시 옥송과 사송으로 나뉜다. 옥송은 상해 및 인격적 침해 등을 이유로 하여 원(元 : 원고), 척(隻 : 피고) 간에 형벌을 요구하는 송사를 말한다. 이에 반해 사송은 원, 척 간에 재화의 소유권에 대한 확인, 양도, 변상을 위한 민사 관련 송사를 말한다.

그렇다면 당시에 이러한 송사나 옥사를 맡아 처리하는 기관은 어느 곳이었을까? 조선 시대는 입법, 사법, 행정의 권력 분립이 제도화되어 있지 않았기에 재판관과 행정관의 구별이 없었다. 즉 독립된 사법 기관이 존재하지 않았으므로 재판은 중앙의 몇몇 기관과 지방 수령인 목사, 부사, 군수, 현령, 현감 등과 관찰사가 담당하였다.

① 일반적인 재판의 정의
② 조선 시대 송사의 종류
③ 조선 시대 송사와 옥사의 차이점
④ 조선 시대 재판관과 행정관의 역할

41. 다음과 같이 종이를 접은 후 구멍을 뚫어 펼친 그림으로 옳은 것을 고르시오.

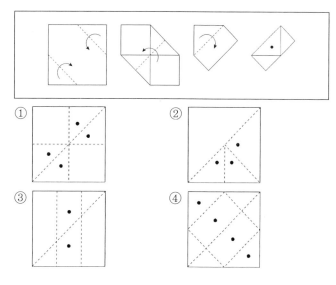

42. 다음 전개도를 접었을 때 나타나는 정육면체의 모양이 아닌 것을 고르시오.

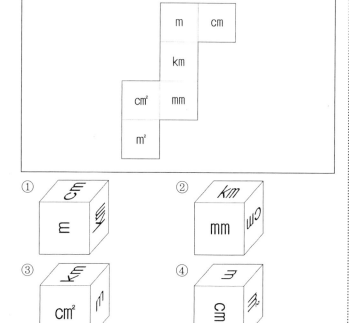

43. 다음 제시된 세 개의 단면을 참고하여 해당하는 입체도형을 고르시오.

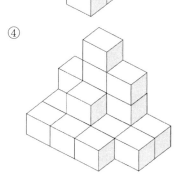

평면	정면	우측면

①

②

③

④

44. 제시된 두 도형을 결합했을 때, 나타날 수 없는 형태를 고르시오.

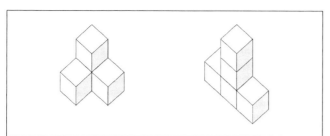

①

②

③

④

45. 다음 도형을 펼쳤을 때 나타날 수 있는 전개도를 고르시오.

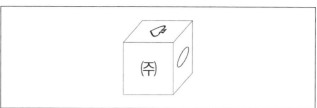

①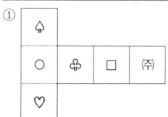

②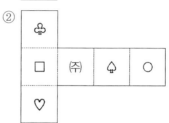

③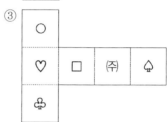

④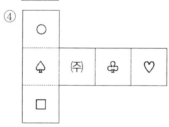

46. 다음 제시된 입체 중에서 나머지와 모양이 다른 하나를 고르시오.

①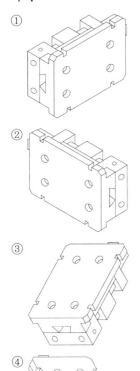

②

③

④

47. 다음 제시된 그림과 같이 쌓기 위해 필요한 블록의 수를 구하시오.

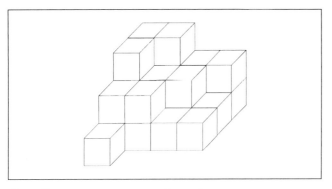

① 23개
② 24개
③ 25개
④ 26개

48. 다음의 제시된 도형을 조합하여 만들어진 것을 고르시오.

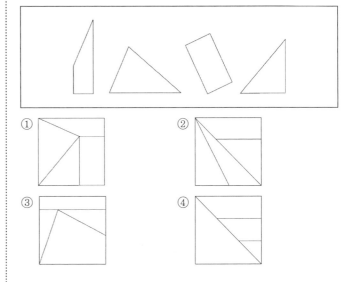

①
②
③
④

49. 아래의 기호/문자 무리 중 '가열'은 몇 번 제시되었나?

가을	가지	가구	가을	가열	가족
가열	가방	가상	가망	가치	가지
가지	가사	가방	가열	가사	가구
가구	가을	가사	가상	가구	가축
가방	가열	가망	가지	가사	가망
가족	가지	가구	가상	가망	가을

① 1개
② 2개
③ 3개
④ 4개

50. 아래의 기호/문자 무리에 제시되지 않은 것은?

여자	빨강	쿠키	바다	남자	책상
축구	지갑	난초	장미	농구	탄소
병원	튤립	약국	산소	발톱	벼루
전화	가위	야구	종이	버스	반지
과자	하늘	손톱	안경	신발	기차
연필	가방	파랑	육지	의자	매화

① 반지
② 안경
③ 시계
④ 신발

1 ③

'정리하다'는 '문제가 되거나 불필요한 것을 줄이거나 없애서 말끔하게 바로잡다'의 뜻으로 '다스리다'와 유의관계이다. '갈라지다'는 '쪼개지거나 금이 가다'의 뜻으로 '바라지다'와 유의관계이다.

2 ④

나머지 보기는 한 주제로 대등관계로 나열되었지만, ④는 닭의 성장과정을 순서대로 나열하였다.
① 동물을 대등하게 나열
② 꽃을 대등하게 나열
③ 빵 종류를 대등하게 나열

3 ①

아버지는 비가 오면 작은아들이 걱정되고, 비가 오지 않으면 큰아들이 걱정될 것이다.

4 ②

조건을 정리하면 '건강→운동→등산', '산→등산'이 된다.
따라서 결론은 '건강을 중요시하는 사람은 등산을 좋아한다.'가 된다.

5 ④

조건에 따르면 다음과 같다.
D – B – 점심 – E – A – C
따라서 수진이가 첫 번째로 탄 놀이기구는 D이다.

6 ③

전전항에 ×2를 한 다음 전항의 수를 더한 값이 다음 항의 값이 되는 원리이다.
$1 \times 2 + 1 = 3$
$1 \times 2 + 3 = 5$
$3 \times 2 + 5 = 11$
$5 \times 2 + 11 = 21$
$11 \times 2 + 21 = 43$
$21 \times 2 + 43 = 85$

7 ③

$311 \to 3 + 1 + 1 = 5 \to 311 + 5 = 316$
$316 \to 3 + 1 + 6 = 10 \to 316 + 10 = 326$
$326 \to 3 + 2 + 6 = 11 \to 326 + 11 = 337$
$337 \to 3 + 3 + 7 = 13 \to 337 + 13 = 350$
$350 \to 3 + 5 + 0 = 8 \to 350 + 8 = 358$
$358 \to 3 + 5 + 8 = 16 \to 358 + 16 = 374$
$374 \to 3 + 7 + 4 = 14 \to 374 + 14 = 388$
앞의 숫자의 자리수를 더한 값을 앞의 수에 더해주면 그것이 후항의 수가 되는 규칙이다.

8 ②

앞의 두 수를 더한 수에 1을 더하면 그 다음 수가 된다.
$1 + 1 + 1 = 3$, $1 + 3 + 1 = 5$, $3 + 5 + 1 = 9$,
$5 + 9 + 1 = 15$, $9 + 15 + 1 = 25$

9 ③

1항, 3항, 5항, 7항의 홀수항은 각각 3^0, 3^1, 3^2, 3^3이고 2항, 4항, 6항의 짝수항은 각각 1^3, 2^3, 3^3이므로 (　) 안은 $4^3 = 64$가 된다.

10 ③

분자의 경우 모두 1이고 분모의 경우 3이 곱해지면서 증가하고 있다.

11 ②

$$40 \times \frac{30}{60} + 20 \times \frac{15}{60} = 20 + 5 = 25\,\text{km}$$

12 ③

올라갈 때 걸은 거리를 x라 하면, 내려올 때 걸은 거리는 $x+4$가 되므로

$$\frac{x}{3} + \frac{x+4}{4} = 8$$

양변에 12을 곱하여 정리하면 $4x + 3(x+4) = 96$

$7x = 84$

$x = 12\,\text{km}$

13 ③

1분은 60초, 10분은 600초

15cm의 초가 600초에 다 타므로 1cm에 40초가 걸리는 셈이므로

30cm의 초가 다 타려면 1,200초 즉, 20분이 걸린다.

14 ③

지도상 1cm는 실제로 10km가 된다.

$$10 \times \frac{7}{4} = 17.5\,\text{km}$$

15 ③

5일 동안 매일 50페이지씩 읽었으므로

$5 \times 50 = 250$

총 459페이지 이므로

$450 - 250 = 200$ 페이지를 읽어야 한다.

16 ④

④ 2014년 12월 칠레지사 수출 상담실적이 256건이라면 2014년 연간 총 수출 상담실적은 900건이다. 2013년 수출 상담실적이 472건이었으므로 428건이 증가한 것이 된다.

17 ④

합계가 2이므로 A=1

B=8−1−3−2=2

C=1+2=3

D=9−1−3=5

18 ④

과학 \ 수학	60	70	80	90	100	합계
100				1	1	2
90			1	2		3
80		2	5	3	1	11
70	1	2	3	2		8
60	1					1
합계	2	4	9	8	2	25

1+1+1+2+2+5+3+1+3+2=21

19 ②

평균이 90점 이상이 되려면 총점이 180점 이상이 되어야 한다. 따라서 아래 표의 표시한 부분의 학생들만 해당된다.

과학 \ 수학	60	70	80	90	100	합계
100				1	1	2
90			1	2		3
80		2	5	3	1	11
70	1	2	3	2		8
60	1					1
합계	2	4	9	8	2	25

평균이 90점 이상인 학생은 모두 5명이므로 전체 학생의 $\frac{5}{25} \times 100 = 20\,(\%)$가 된다.

20 ③

$$\frac{55}{88+55+49+3+5}=\frac{55}{200}$$

$$\frac{55}{200}\times100=27.5\,(\%)$$

21 ④

방임 … 돌보거나 간섭하지 않고 제멋대로 내버려 두다.
① **방치(放置)** : 내버려두다. 방임의 유의어로 볼 수 있다.
② **자유(自由)** : 외부적인 구속이나 무엇에 얽매이지 아니하고 자기 마음대로 할 수 있는 상태
③ **방종(放縱)** : 제멋대로 행동하여 거리낌이 없다.

22 ①

사리(事理) … 일의 이치

23 ④

받다
㉠ 어떤 상황이 자기에게 미치다.
㉡ 요구, 신청, 질문, 공격, 도전, 신호 따위의 작용을 당하거나 거기에 응하다.
㉢ 다른 사람이 바치거나 내는 돈이나 물건을 책임 아래 맡아 두다.
㉣ 점수나 학위 따위를 따다.

24 ④
④ 사글세

25 ④
① 반드시
② 꾸준히
③ 일찍이

26 ④
④ 저 신사는 큰 기업의 <u>회장 겸</u> 대표이사이다.

27 ④

보기는 '음식상이나 잠자리 따위를 채비하다'의 뜻이다. 따라서 ④가 적절하다.
① 어떤 관계의 사람을 얻거나 맞다.
② 어떤 일을 당하거나 겪거나 얻어 가지다.
③ 음식 맛이나 간을 알기 위하여 시험 삼아 조금 먹다.

28 ②
② 부끄럼이나 노여움 따위의 감정이나 간지럼 따위의 육체적 느낌을 쉽게 느끼다.

29 ②

카레, 영국, 발리우드로 인도를 연상할 수 있다. 카레는 혼합 향신료를 넣어 만든 인도 요리의 기본양념이며, 인도는 영국의 식민지였다. 발리우드(Bombay + Hollywood)는 인도의 영화 산업을 가리키는 합성어이다.

30 ①
① 기류, 날개, 하늘을 통해 비행기를 연상할 수 있다.

31 ③

지역에 따른 아리랑의 종류, 이들 민요의 차이점을 대표적인 민요를 예로 들어 비교 설명하고 있으나, 대상의 개념을 명확하게 정의하는 것은 없다.

32 ②

둘째 단락을 보면 아리스토텔레스와 니체의 견해를 중심으로 비극을 즐기는 이유에 대하여 설명을 하고 있으므로 ②가 적당하다.

33 ④

묘사 … 글쓴이가 대상으로부터 받은 인상을 읽는 이에게 동일하게 받게 하거나 상상적으로 똑같이 체험하게 하려는 목적으로 대상을 그려내는 서술 방식으로 주관적 묘사와 객관적 묘사로 분류할 수 있다.

34 ③

지문은 무엇인가를 판단할 때 다른 사람의 판단을 일차적으로 고려하는 것에 대한 내용이다.
③ 순이 자신이 발품을 팔아 얻은 정보를 이용하여 값이 싼 곳에서 물건을 사는 것은 자신의 판단을 기준으로 하는 것이다.

35 ②

이 글은 '문화의 다양성'을 말하고 있다. 따라서 개를 식용으로 하는 우리나라와 그렇지 않은 나라의 차이점을 언급하는 ⓒ이 두 부분을 나누는 지점이라고 할 수 있다.

36 ③

생각과 말은 일정한 관련이 있으므로(전제) 생각은 말로 표현되어야 한다(주장).

37 ④

④ 제시된 지문에서는 캥거루족이 증가하고 있는 사실에 대해서만 서술하고 있을 뿐 그 원인이 실업 때문이라는 언급은 없다.

38 ①

이 글의 중심문장은 마지막 문장이다. 즉 신문은 자신들의 이해 관계에 따라 진실을 왜곡하려는 권력과 이익집단, 그 구속과 억압의 논리로부터 자유로워야 한다.

39 ④

ⓒⓛ 영어 공용화를 통한 다원주의적 문화 정체성 확립 및 필요성→ⓜ 다양한 민족어를 수용한 싱가포르의 문화적 다원성의 체득→⊙ 말레이민족 우월주의로 인한 문화적 다원성에 뒤처짐→② 단일 민족 단일 모국어 국가의 다른 상황

40 ④

제시된 문장에서 '신화'는 '사람들이 맹목적으로 믿고 있는 일'의 의미로 쓰였다.
① 신비스러운 일
②③ 절대적이고 획기적인 업적

41 ②

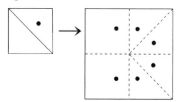

42 ②

43 ②
삼면이 일치하는 도형은 ②이다.

44 ②

45 ①

해당 도형을 펼치면 ①이 나타날 수 있다.

46 ③

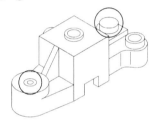

47 ④

제시된 그림과 같이 쌓기 위한 블록의 개수는 20개
이다.

48 ③

제시된 도형을 조합하면 ③이 된다.

49 ②

Å	ℂ	¥	ℂ	℃	£
£	℃	°F	Å	£	∫∫
¥	°F	ℂ	¥	∮	°F
℃	£	℃	£	ℂ	∮
ℂ	Å	∮	∫∫	¥	℃
¥	°F	¥	℃	∮	°F

50 ①

↖ 는 위 기호 무리에 제시되지 않았다.

1. ①

'넘치다'는 '가득 차서 밖으로 흘러나오거나 밀려나다'의 뜻으로 '기준이 되는 양이나 정도에 미치지 못하다'의 뜻인 '모자라다'와 반의관계이다. '내다'는 '안에서 밖으로 옮기다'의 뜻으로 '밖에서 속이나 안으로 향해 가거나 오거나 하다'의 뜻인 '들이다'와 반의관계이다.

2. ④

①②③ 공간 – 상품 – 하위상품 순으로 연결되어 있다.

3. ③

열매보다 더 좋은 것은 꽃이지만, 열매와 씨 사이에 더 좋은 것이 무엇인지는 알 수 없다.

4. ②

부모가 O형이 아닌데 자녀에서 O형이 나타났다면 부모는 둘 다 유전자 O를 하나씩 가지고 있다. 친할아버지의 혈액형이 AB형이기 때문에 아버지의 유전자 O는 친할머니에게서 받은 것이다. 친할머니의 혈액형이 A형이라면 유전자형은 AO가 되고 아버지는 A형(AO)또는 B형(BO)이다. 이를 구조화하면 다음과 같다.

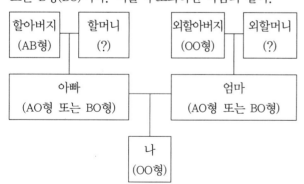

5. ④

주어진 조건대로 살펴보면 D > C > A > B의 순으로 코스의 길이가 길다. 긴 코스일수록 기울기가 완만하므로 D 코스의 기울기가 가장 완만하다.

6. ②

홀수 항은 +5, 짝수 항은 −5의 규칙을 가진다.
따라서 12 + 5 = 17

7. ①

앞의 두 항을 더한 것이 다음 항이 되는 피보나치 수열이다.
따라서 8 + 13 = 21

8. ④

+2, −4, +6, −8, +10, −12 규칙을 가진다.
따라서 8 − 12 = −4

9. ①

• 앞의 항의 분모에 $2^1, 2^2, 2^3, \cdots$ 을 더한 것이 다음 항의 분모가 된다.
• 앞의 항의 분자에 $3^1, 3^2, 3^3, \cdots$ 을 더한 것이 다음 항의 분자가 된다.

따라서 $\dfrac{121 + 3^5}{33 + 2^5} = \dfrac{121 + 243}{33 + 32} = \dfrac{364}{65}$

10. ③

- 앞의 두 항의 분모를 곱한 것이 다음 항의 분모가 된다.
- 앞의 두 항의 분자를 더한 것이 다음 항의 분자가 된다.

따라서 $\dfrac{2+3}{6\times18}=\dfrac{5}{108}$

11. ③

벤치의 수를 x, 동료들의 수를 y로 놓으면

$5x+4=y$

$6x=y$

위 두 식을 연립하면

$x=4$, $y=24$

12. ②

원래 가격은 1로 보면

$0.7\times0.8=0.56$

원래 가격에서 56%의 가격으로 판매를 하는 것이므로 할인율은 44%가 된다.

13. ③

A 주식의 가격을 x, B 주식의 가격을 y라 하면

$x=2y$

두 주식을 각각 10주씩 사서 각각 30%, 20% 올랐으므로

$1.3x\times10+1.2y\times10=76,000$

B 주식의 가격을 구해야 하므로 y에 대해 정리하면

$1.3\times2y\times10+1.2y\times10=76,000$

$38y=76,000$

$y=2,000$ 원

14. ④

하루 일당을 계산해 보면 $6\times5,000=30,000$ 원

$2,000,000\div30,000=66.67$ 일 이므로

67일 동안 아르바이트를 하여야 한다.

15. ②

$\dfrac{3,000\times8.0+2,000\times6.0}{3,000+2,000}=\dfrac{36,000}{5,000}=7.2$

16. ②

a → 신○근 요원에 2개 있으므로 166회

c → 신○근 요원에 2개, 윤○희 요원에 1개 있으므로
166+430=596회

e → 신○근 요원에 1개, 김○진 요원에 1개 있으므로
83+363=446회

f → 이○진 요원에 1개, 윤○희 요원에 1개 있으므로
503+430=933회

s → 김○진 요원에 1개, 장○건 요원에 1개 있으므로
363+165=528회

17. ④

학력이 높을수록 '그렇지 않다'라는 응답자 비율이 높아지고 있다.

18. ④

만족에 응답한 대학생의 비율은 49.0%이고, 불만족에 응답한 대학생의 비율은 10%이므로 만족에 응답한 대학생은 불만족에 응답한 대학생보다 4.9배 많다.

19. ②

총 출생성비가 점차적으로 감소한다는 것은 여아 출생자 수 100명 당 남아 출생자 수가 감소한다는 것을 의미하므로 총 출생자 중 여아 출생자의 비중은 증가함을 알 수 있다.

20. ②

직장, 동창회, 친목 단체는 이익 사회에 해당하며, 이들 집단에서 소속감을 가장 강하게 느낀다고 응답한 비율은 남성이 더 높다.

21. ②

나래 … 흔히 문학 작품에서 '날개'를 이르는 말

22. ④

존귀 … 지위나 신분이 높고 귀함
④ 미천 : 신분이나 지위 따위가 하찮고 천하다.

23. ②

잡다
㉠ 짐승을 죽이다.
㉡ 권한 따위를 차지하다.
㉢ 실마리, 요점, 단점 따위를 찾아내거나 알아내다.
㉣ 자동차 따위를 타기 위하여 세우다.

24. ①

② 달이다 → 다리다(옷의 구김을 펴기 위해 다리미로 문지르다.)
③ 벌인 → 벌린(벌리다 : 둘 사이를 넓히거나 멀게 하다.)
④ 너머 → 넘어(넘다 : 경계를 건너 지나다.)

25. ③

③ 밀어부치는 → 밀어붙이는

26. ④

④ 떠난지 → 떠난 지

27. ④

보기는 '사람이 죄나 누명 따위를 가지거나 입게 되다'의 뜻이다. 따라서 ④가 적절하다.
① 얼굴에 어떤 물건을 걸거나 덮어쓰다.
② 붓, 펜, 연필과 같이 선을 그을 수 있는 도구로 종이 따위에 획을 그어서 일정한 글자의 모양이 이루어지게 하다.
③ 머릿속에 떠오른 곡을 일정한 기호로 악보 위에 나타내다.

28. ④

• 비행기에 타다(= 몸을 얹다).
• 장작이 타다(= 불꽃이 일어나다).
• 월급을 타다(= 받다).
• 커피를 타다(= 섞다).

29. ③

단풍, 고추잠자리, 추수를 통해 가을을 연상할 수 있다.

30. ③

지우개, 흑연, 육각형을 통해 연필을 연상할 수 있다.

31. ③
① 제시문에 언급되지 않은 내용이다.
② 극장가가 형성된 것은 1910년부터이다.
④ 변사는 자막과 반주 음악이 등장하면서 점차 소멸하였다.

32. ①
첫 번째 괄호에는 앞 문장의 이유가 뒤에 이어지므로 인과관계의 접속어 '왜냐하면'이, 두 번째 괄호에는 앞 뒤 문장이 시가의 발생에 대하여 같은 맥락으로 이어지고 있으므로 순접접속어 '그리고'가 마지막 괄호에는 앞의 내용을 정리하며 결론짓는 인과관계의 접속어 '그러므로'가 가장 적절하다.

33. ③
③ 이 글은 '이기적 유전자' 혁명이 전하는 메시지는 인간이 철저하게 냉혹한 이기주의자라는 것은 아니며 사실은 정반대라고 언급하고 있다.

34. ②
분노의 감정이 일었을 때 동물과 사람이 어떤 행동을 나타내는지에 대해 이야기하고 있다.

35. ④
(다) 다문화정책의 핵심 – (가) 인간을 경제적 요소로만 보았을 때의 문제점 – (라) 이미 들어온 이민자에 대한 지원 – (나) 다문화정책의 패러다임 전환

36. ④
'누구에게도 그렇다.'는 보편성과 맥락을 같이 한다.

37. ①
나라가 약속을 지키자 백성들이 나라의 정책을 잘 따랐다는 내용으로 보아 신뢰의 중요성에 대해 이야기하고 있는 글이라고 볼 수 있다.

38. ②
② 구비문학은 계속적으로 변하며, 그 변화가 누적되어 개별적인 작품이 존재하는 특징을 지니므로 유동문학(流動文學), 적층문학(積層文學)이라고도 한다.

39. ①
① 같은 조건이라면 좀 더 좋고 편리한 것을 택한다는 의미이다.
② 일이 우연히 잘 맞아 감을 비유적으로 이르는 말이다.
③ 남의 덕으로 분에 넘치는 행세를 하거나 대접을 받고 우쭐대는 모습을 비유적으로 표현하는 말이다.
④ 아무리 훌륭한 것이라도 다듬어 쓸모 있게 만들어야 값어치가 있음을 이른다.

40. ③
③ 제시된 글은 헤르만 헤세의 말을 인용하여 유명하다거나 그것을 모르면 수치스럽다는 이유로 무리하게 독서를 하는 것은 그릇된 일이며, 자기에게 자연스러운 면에 따라 행동하라고 언급하고 있다. 이는 남들의 기준이 아닌 자신의 기준에 따라 하는 독서가 좋은 독서라고 주장하는 것이라고 볼 수 있다.

41. ②

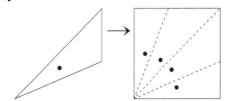

42. ④

43. ③

삼면이 일치하는 도형은 ③이다.

44. ③

45. ②

해당 도형을 펼치면 ②가 나타날 수 있다.

46. ③

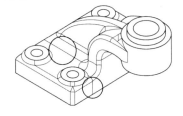

47. ①

제시된 그림과 같이 쌓기 위한 블록의 개수는 27개
이다.

48. ③

제시된 도형을 조합하면 ③이 된다.

49. ②

A	C	Z	B	A	C
X	B	E	A	C	X
C	Y	C	X	Y	B
E	A	D	W	Z	Z
Y	Z	B	Z	E	C
X	E	Y	C	A	V

50. ②

늑는 위 기호 무리에 제시되지 않았다.

1. ②
칫솔은 세면도구에 해당하고, 순대는 분식에 해당한다.

2. ②
①③④ '장소 – 주체 – 행위'의 순서로 나열되어 있다.

3. ②
두 번째 조건의 대우는 '한 달에 소설책을 한 권 이상 읽으면 파란색을 좋아한다.'가 된다. 따라서 〈보기 2〉는 거짓이다.

4. ②
다음의 두 가지 경우가 될 수 있다.
㉠ [앞] 재연 – 승리(약 냉방) – 철수(약 냉방) – 승혁 [뒤]
㉡ [앞] 재연 – 철수(약 냉방) – 승리(약 냉방) – 승혁 [뒤]

5. ③
운전하는 사람은 난폭할 수도 있고 그렇지 않을 수도 있다. 따라서 철수의 아버지가 난폭한지 아닌지는 알 수 없다. 영수의 아버지는 난폭하므로 참을성이 없다.

6. ③
제시된 숫자들은 17씩 일정하게 증가하는 규칙을 따르는 원리이다.

7. ①
제시된 숫자들은 4씩 일정하게 증가하는 규칙을 따르는 원리이다.

8. ②
제시된 숫자들은 53씩 일정하게 감소하게 되는 규칙을 따르는 원리이다.

9. ②
제시된 숫자들은 1.5씩 곱을 하여 증가하게 되는 규칙을 따르는 원리이다.

10. ③
제시된 숫자들은 4씩 곱을 하여 증가하게 되는 규칙을 따르는 원리이다.

11. ④
B의 나이를 x, C의 나이를 y라 놓으면
A의 나이는 $x+12$, $2y-4$가 되는데 B와 C는 동갑이므로 $x=y$이다.
$x+12 = 2x-4$
$x = 16$
A의 나이는 $16+12 = 28$살이 된다.

12. ③

$$X\times\left(1+\frac{20}{100}\right)-90,000=X\times\left(1+\frac{2}{100}\right)$$

$1.2X-90,000=1.02X$

$0.18X=90,000$

$X=500,000$ 원

13. ①

처음의 초속을 분속으로 바꾸면 $6\times60=360\text{m/min}$

출발지에서 반환점까지의 거리를 x 라 하면

$\dfrac{x}{360}+\dfrac{4,500-x}{90}=30$ 이므로 양변에 360을 곱하여

식을 간단히 하면

$x+4(4,500-x)=10,800$

$\therefore x=2,400\,(\text{m})$

14. ③

서로 다른 음식을 시킬 경우는 다음과 같다.

짜장면 + 짬뽕 = 4,000 + 4,000 = 8,000

짜장면 + 볶음밥 = 4,000 + 6,000 = 10,000

짜장면 + 탕수육 = 4,000 + 10,000 = 14,000

짬뽕 + 볶음밥 = 4,000 + 6,000 = 10,000

짬뽕 + 탕수육 = 4,000 + 10,000 = 14,000

볶음밥 + 탕수육 = 6,000 + 10,000 = 16,000

따라서 음식가격의 평균값은

$$\frac{8,000+10,000+14,000+10,000+14,000+16,000}{6}$$

$$=\frac{72,000}{6}$$

$$=12,000$$

15. ③

거리=시간×속력이므로

$x=15초\times72\text{km/h}$

계산을 위해 시간과 속력을 분으로 변환하면 다음과 같다.

$$\frac{15}{60}\times\frac{72,000}{60}=0.25분\times1,200\text{m/m}=300\text{m}$$

16. ④

① 커피전체에 대한 수입금액은 2010년 331.3, 2011년 310.8, 2012년 416, 2013년 717.4, 2014년 597.6 으로 2011년과 2014년에는 전년보다 감소했다.

② 생두의 2013년 수입단가는(528.1 / 116.4 = 4.54) 2012년 수입단가(316.1 / 107.2 = 2.95)의 약 1.5배 정도이다.

③ 원두의 수입단가는 2010년 11.97, 2011년 12.06, 2012년 12.33, 2013년 16.76, 2014년 20.33으로 매해마다 증가하고 있다.

17. ③

① 2012년 원두의 수입단가 = 55.5 / 4.5 = 12.33

② 2013년 생두의 수입단가 = 528.1 / 116.4 = 4.54

③ 2014년 원두의 수입단가 = 109.8 / 5.4 = 20.33

④ 2013년 커피조제품의 수입단가 = 98.8 / 8.5 = 11.62

18. ①

① B의 최대 총점(국어점수가 84점인 경우)은 263점 이다.

② E의 최대 총점(영어점수가 75점, 수학점수가 83점 인 경우)은 248점이고 250점 이하이므로 보충수업을 받아야 한다.

③ B의 국어점수와 C의 수학점수에 따라 D는 2위가 아닐 수도 있다.

④ G가 국어를 84점 영어를 75점 받았다면 254점으로 보충수업을 받지 않았을 수도 있다.

19. ②

① 연도별 자동차 수

$$=\frac{사망자\ 수}{차\ 1만\ 대당\ 사망자\ 수}\times10,000$$

② 운전자 수가 제시되어 있지 않아서 운전자 1만 명당 사고 발생 건수는 알 수 없다.

③ 자동차 1만 대당 사고율 = $\dfrac{발생\ 건수}{자동차\ 수}\times10,000$

④ 자동차 1만 대당 부상자 수

$$=\frac{부상자\ 수}{자동차\ 수}\times10,000$$

20. ①

국어점수 30점 미만인 사원의 수는 3 + 2 + 3 + 5 + 7 + 4 + 6 = 30명

점수가 구간별로 표시되어 있으므로 구간별로 가장 작은 수와 가장 큰 수를 고려하여 구한다.

영어 평균 점수 최저는

$$\frac{0 \times 8 + 10 \times 16 + 20 \times 6}{30} = 9.3$$ 이고

영어 평균 점수 최고는

$$\frac{9 \times 8 + 19 \times 16 + 29 \times 6}{30} = 18.3$$ 이다.

21. ③

미욱하다 … 하는 짓이나 됨됨이가 매우 어리석고 미련하다.

22. ③

수락 … 요구를 받아들임
③ 거절 : 상대편의 요구, 제안 따위를 받아들이지 않고 물리침

23. ④

갖추다
㉠ 있어야 할 것을 가지거나 차리다.
㉡ 필요한 자세나 태도 따위를 취하다.
㉢ 지켜야 할 도리나 절차를 따르다.

24. ④

① 붙일→부칠(부치다 : 어떤 문제를 다른 곳이나 다른 기회로 넘기어 맡기다.)
② 반듯이→반드시(틀림없이 꼭)
③ 절여서→저려서(저리다 : 몸의 일부가 오래 눌려 피가 잘 통하지 않고 아리다.)

25. ②

② 알아맞춘→알아맞힌

26. ②

② 부는대로→부는 대로(의존 명사는 앞말과 띄어 쓴다.)

27. ②

보기는 '뒤에서 보살피고 도와주다'의 뜻이다. 따라서 ②가 적절하다.
① 일정한 방향으로 움직이도록 반대쪽에서 힘을 가하다.
③ 바닥이 반반해지도록 연장을 누르면서 문지르다.
④ 눌러서 얇게 펴다.

28. ③

① 일을 확실하게 정함
② 미루어 생각하여 판정함
③ 판별하여 결정함
④ 글자나 글 따위의 잘못을 고쳐서 바로잡음

29. ②

흰머리수리, 도널드, 50을 통해 미국을 연상할 수 있다. 흰머리수리는 미국의 국조이고, 도널드 트럼프는 미국의 대통령이며, 미국은 50개의 주와 1개의 특별구로 이루어져 있다.

30. ①

군인, 면회, 제복을 통해 군대를 연상할 수 있다.

31. ④

④ 제시된 글 중후반부의 "그러나 공리주의가 모든 경우에 항상 올바른 해답을 줄 수 있는 것은 아니다.", "다수의 생명을 구하기 위해 한 사람의 목숨을 희생한 행위가 정당했다고 주장하겠는가?"의 내용으로 미루어 보아 알 수 있다.

32. ③

첫 번째 문단에서 문제를 알면서도 고치지 않았던 두 칸을 수리하는 데 수리비가 많이 들었고, 비가 새는 것을 알자마자 수리한 한 칸은 비용이 많이 들지 않았다고 하였다. 또한 두 번째 문단에서 잘못을 알면서도 바로 고치지 않으면 자신이 나쁘게 되며, 잘못을 알자마자 고치기를 꺼리지 않으면 다시 착한 사람이 될 수 있다 하며 이를 정치에 비유해 백성을 좀먹는 무리들을 내버려 두어서는 안 된다고 서술하였다. 따라서 글의 중심내용으로는 잘못을 알게 되면 바로 고쳐 나가는 것이 중요하다가 적합하다.

33. ②

생태계 속에서 다양성이 필요한 상황들을 사회의 상황과 유사성을 빗대어 유추하며 설명하고 있다.

※ 유추 … 두 개의 사물이 여러 면에서 비슷하다는 것을 근거로 다른 속성도 유사할 것이라고 추론하는 것

34. ④

① '한민족의 뿌리를 찾자! 대한 고등학교 연수단' 부분에서 여행의 동기와 목적을 알 수 있다.
② 두 번째 문단에서 비행기 이륙시의 감흥을 상세하게 묘사하였다. 또한 '나는 지금 어디로 가고 있을까, 꿈속을 헤매는 영원한 방랑자가 된 걸까?' 등으로 첫 해외여행의 출발에 대한 감흥을 나타내었다.
③ '8월 15일 오후 3시 15분~ 한여름의 무더위도~'라며 자세하게 설명하고 있다.

※ 노정과 일정
ㄱ 노정(路程) : 목적지까지의 거리나 걸리는 시간, 거쳐 지나가는 길이나 과정을 의미한다.
ㄴ 일정(日程) : 일정 기간 동안 해야 할 일의 계획을 날짜별로 짜 놓은 것 또는 계획을 말한다.

35. ③

ㄷ 도구를 만들 줄 알게 됨을 설명→ㄱ 도구로 인한 인간의 변화→ㄴ 변화에 대한 구체적 설명→ㄹ 예시를 제시하고 있다.

36. ③

지문의 중심내용은 기존 시장 포화의 대안으로 내놓은 vip 마케팅으로 인해 오히려 어려움을 겪고 있다는 것이다. 자승자박(自繩自縛)은 스스로 만든 줄로 제 몸을 묶는다는 뜻, 자신이 한 행동과 말에 구속되어 어려움을 겪는 것을 말한다.
① 견강부회(牽强附會) : 되지도 않는 말 또는 주장을 억지로 자신의 조건이나 주장에 맞도록 하는 것을 말한다.
② 비육지탄(髀肉之嘆) : 보람 있는 일을 하지 못한 채 세월만 헛되이 보내는 것을 한탄하는 것을 이른다.
④ 화이부동(和而不同) : 주위와 조화를 이루며 지내기는 하나 부화뇌동이나 편향된 행동등을 하지 않으며 같아지지 않는 것을 뜻한다.

37. ②

앞부분에서 힐링에 대한 개념 설명, 후에 힐링에 관한 상품 유행에 대해서 이야기 하고 있다. 괄호 전에 고가의 힐링 상품에 대한 설명이 있었으며, 직전에 '그러나'라는 역접이 쓰였고, 뒤에는 요가, 명상, 기도 등 많은 돈을 들이지 않고 힐링을 할 수 있는 방법에 대한 예시가 나타나 있다. 따라서 괄호 안에는 많은 돈을 들이지 않고 쉽게 할 수 있는 일부터 찾아야 한다는 ②이 적합할 것이다.

38. ③

③ 글에서 말하는 '호모 사피엔스'는 인간을 말한다. '호모 사피엔스(인간)는 숭고한 본능을 새로 얻고, 세속적 본능은 옛날부터 갖고 있던 것이라고 서술되어 있다.

39. ②

첫 번째 문단에서는 아바이 마을에 대한 설명, 두 번째는 가자미인 자리고기에 대한 설명, 세 번째는 가자미를 이용해 만든 가자미식해에 대한 설명이다. 따라서 이 세 문단의 내용을 모두 담을 수 있는 제목으로는 ② 속초의 아바이 마을과 가자미식해가 적합하다.

40. ④

④ 조선시대는 입법, 사법, 행정의 권력 분립이 제도화 되어 있지 않아 재판관과 행정관의 구별이 없었다고만 설명하여 재판관과 행정관의 역할을 알 수 없다.

41. ④

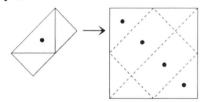

42. ③

43. ②

삼면이 일치하는 도형은 ②이다.

44. ①

45. ①

해당 도형을 펼치면 ①이 나타날 수 있다.

46. ④

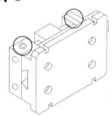

47. ③

제시된 그림과 같이 쌓기 위한 블록의 개수는 25개이다.

48. ①

제시된 도형을 조합하면 ①이 된다.

49. ④

가을	가지	가구	가을	**가열**	가족
가열	가방	가상	가망	가치	가지
가지	가사	가방	**가열**	가사	가구
가구	가을	가사	가상	가구	가축
가방	**가열**	가망	가지	가사	가망
가족	가지	가구	가상	가망	가을

50. ③

'시계'는 위 문자 무리에 제시되지 않았다.